目次

古文ジャンル解説

古文の作品は、大まかに「説話」「物語」「日記」「随筆」「評論」の五つのジャンルに分類することができます。ジャンルごとに特徴があるので、それぞれの特徴を知っておくと、読解の助けとなり、短い試験時間の中で正解を出すのに有利になります。

問題を解き始める前に、リード文（古文本文の前に示される説明文）や古文本文の最後に書かれている作品名（出典）を必ず確認しましょう。その作品のジャンルがわかる場合は、ジャンルの特徴や読むときの注意事項を頭に置きながら読み進めます。ジャンルがわからない場合や、作品名が書かれていない場合は、主語や主旨を問う設問などを参考にして、ジャンルを知る手がかりを見つけながら読み進めます。本書は、問題をジャンル別に掲載しています。本書をとおして、**ジャンルを意識した読み方**を身につけましょう。

説話

説話とは、伝説や民話を編者がまとめたものです。世事一般を扱いさまざまな階層の人々の姿を描いた**世俗説話**と、仏教信仰を広めるために書かれた**仏教説話**とに、大きく分けられます。どちらも意図を持って語られており、そこに教訓を読み取ることができます。

◎代表的な作品

世俗説話集＝宇治拾遺物語・今物語・十訓抄・古今著聞集

仏教説話集＝発心集・閑居友・撰集抄・沙石集

世俗説話・仏教説話とも収録した説話集＝今昔物語集・古本説話集

読解ポイント　編者の評価

一話一話が比較的短く、入試に出題されるときも一話完結の形をとります。主人公の言動が中心に描かれ、長々とした心情描写などは少ないのが特徴です。

文章の構成としては、まず主人公が紹介されます。そして、主人公が出来事に遭遇し、それに対して発言したり行動したりします。最後に、**その言動に対する編者の評価や感想、教訓**が述べられます。編者の評価や感想、教訓を読み取ることが、重要な読解ポイントとなります。

1 主人公の置かれた状況を読み取る（前提）

2 出来事と主人公の言動を読み取る（発端・展開）

▽「動詞」に着眼して、主人公の言動を読み進めます。

3 編者の評価や感想、教訓を読み取る（結末）

▽「形容詞」などに着眼して、評価や感想、教訓を読み取ります。

物語

物語は、いくつかの種類に分類することができます。中でも入試で多く出題されるのは、作り物語と歌物語です。**作り物語**は、虚構の物語で、多くは長編です。**歌物語**は、和歌の詞書(説明文)が発達した、和歌を中心とした物語です。

物語には他に、歴史的事実を物語風に描いた**歴史物語**、武士たちの合戦を主題にした**軍記物語**などがあります。入試では、平安時代の作り物語を模した**擬古物語**も頻出です。

◎代表的な作品

作り物語＝竹取物語・うつほ物語・落窪物語・源氏物語・狭衣物語・堤中納言物語
歌物語　＝伊勢物語・大和物語・平中物語
歴史物語＝栄花物語・大鏡・今鏡・水鏡・増鏡
軍記物語＝保元物語・平治物語・平家物語・太平記

読解ポイント　登場人物の心情

作り物語は、多くは長編で、入試では一部分が切り取られて出題されます。そのため、多くの場合、リード文があり、**人物関係やそれまでの経緯**が説明されています。ですから、まず、リード文の内容をきちんと読み取ることが必要です。そのうえで、本文に書かれた状況の変化と、その変化を受けた**登場人物の心情**を読み取ります。登場人物の心情を描くのが、作り物語の特徴です。

歌物語は、一話一話が比較的短く、入試で出題されるときは一話完結の形をとります。リード文はない場合が多いので、本文から人物関係や状況を把握して、**歌に詠まれた心情**を読み取ります。

作り物語

1 リード文や注から人物関係や状況を読み取る
▽人物関係図があれば参照し、なければ自分で簡単に書きます。

2 本文から状況の変化を読み取る
▽時間の経過や状況の変化などを把握し、場面を確認します。
▽それぞれの場面（段落）の主要な人物を把握します。

3 変化に応じた人物の心情を読み取る
▽因果関係を理解し、人物の心情を読み取ります。

歌物語

1 本文から人物関係を読み取る
▽人物関係の把握によって、状況や心情の理解を深めます。

2 歌の詠まれた状況を読み取る

3 歌に詠まれた心情を読み取る

▽和歌の前後の文章も手がかりにして、掛詞などの修辞を見つけます。修辞は、強調したい部分に用いられるので、心情を読み取るヒントになります。

日記

日記とは、自分の身の周りで起きた出来事を回想的に記したもので、旅行中の見聞や感想を記した**紀行文**や、個人の和歌を集めた**私家集**のうち詞書が長く日記的要素の強いものも、日記のジャンルに含まれます。

◎代表的な作品

日記　＝土佐日記・蜻蛉日記・和泉式部日記・紫式部日記・更級日記・讃岐典侍日記・うたたね

紀行文＝海道記・東関紀行・十六夜日記・都のつと・おくのほそ道

私家集＝四条宮下野集・成尋阿闍梨母集・建礼門院右京大夫集

読解ポイント 「私」（＝筆者）の心情

入試では長い作品の一部が切り取られて出題されるので、多くの場合、リード文があります。まず、リード文で人物関係やそれまでの経緯を読み取ります。

日記の最大の特徴は、**「私」（＝筆者）という一人称の主語が省略されること**です。場合によっては、筆者の心を占めている相手（夫や恋人）を示す主語も省略されます。したがって、**主語を考えて読み進めること**が鍵となります。そのうえで、「私」の身に起きた出来事、そのときの「私」の心情を読み取ります。

1 リード文から人物関係やそれまでの経緯を読み取る

2 省略されている主語（「私」など）を補って読み進める

▽「助詞」や「敬語」に着眼し、主語を決定します。

3 「私」の身に起きた出来事を読み取る

4 出来事に遭遇したときの「私」の心情を読み取る

▽「私」や他者の言動に着眼し、心情を読み取ります。

随筆

随筆とは、筆者が日常の中で感じたことや強いこだわりを持っていることを、思いつくままに書いたものです。

◎代表的な作品

枕草子・方丈記・徒然草・折たく柴の記・玉勝間・花月草紙

読解ポイント **筆者のこだわり（好悪）**

一話が比較的短く、入試で出題されるときは、多くの場合、一話完結の形をとります。

リード文はない場合がほとんどなので、本文から**筆者の関心事（テーマ）**を把握します。具体例や対比に着目しながら読み進めて、**筆者の「こだわり（好悪）」や「価値観」**を読み取ります。強いこだわりは筆者の主義・主張に通じますから、その点は「評論」に似ていますが、論理的でないところが「随筆」の特徴です。

1 筆者の関心事（テーマ）を把握する
2 具体例や対比を読み取る
3 筆者の「こだわり」や「価値観」を読み取る
▽プラスの評価（好き）とマイナスの評価（嫌い）を把握して、結論を読み取ります。

評論

古文で出題される評論には、歌論や能楽論などがあります。歌論や能楽論は、歌や能に対する筆者の見解や是非を論じたものです。

◎代表的な作品
俊頼髄脳（としよりずいのう）・無名草子（むみょうぞうし）・無名抄（むみょうしょう）・毎月抄（まいげつしょう）・風姿花伝（ふうしかでん）・歌意考（かいこう）・源氏物語玉の小櫛（たまおぐし）

読解ポイント **筆者の主張（是非）**

入試では、一話完結の形で出題される場合はリード文がなく、長い文章を切り取って出題される場合にはリード文があります。リード文がある場合には、まずリード文をしっかり読んで、**評論のテーマ**を把握します。

本文は、具体例や対比に着目しながら読み進め、**論理的な根拠**を確認して、**筆者の「主張（是非）」**を読み取ります。具体例や対比が示される点は「随筆」と共通していますが、根拠を示して論理的に論じているのが「評論」の特徴です。

1 評論のテーマを把握する
2 具体例や対比を読み取る
3 論理的な根拠を読み取る
4 筆者の主張を読み取る
▽プラスの評価（是）とマイナスの評価（非）を把握して結論を読み取ります。

1 説話

甲南大学　古今著聞集（ここんちょもんじゅう）

学習テーマ▼ 今回は歌徳説話を扱います。歌徳説話は、優れた歌を詠むことによって良い結果を手に入れることができる、という話です。必ず和歌が出てきますので、誰がどのような状況でどのような気持ちを詠んだ歌で、それがどのような良い結果をもたらしたかを読み取りましょう。

目標解答時間　**30分**

本冊（解答・解説）p.14

◆菅原道真を祭る北野天満宮にまつわる次の文章を読んで、後の問に答えよ。

　鳥羽法皇の女房に小大進といふ歌詠みありけるが、待賢門院の御方に御衣一重失せたりけるを負ひて、北野に籠りて祭文書きてまもられけるに、三日といふに、神水をうちこぼしたりければ、検非違使これに過ぎたる失やあるべき。出で給へと申しけるを、小大進泣く泣く申すやう、公の中の私と申すはこれ［a］なり。今三日の暇をたべ。それに［1］験なくは、われを具して出で給へと、うち泣きて申しければ、検非違使もあはれにおぼえて、延べたりけるほどに、小大進、

　思ひ出づや［2］なき名たつ身は憂かりきと現人神に［b］なりし昔を

と詠みて、紅の薄様一重に書きて御宝殿におしたりける夜、法皇の御夢に、［3］よに気高くやむごとなき翁の、束帯にて御枕に立ちて、ややと［4］おどろかし参らせて、われは北野右近馬場の神にて侍り。［5］めでたきことの侍る、御使ひ給はりて、見せ候はむと［a］申し給ふと［b］おぼしめして、［c］うちおどろかせ給ひて、天神の見えさせ給へる、いかなることのあるぞ。見て参れとて、御厩の御馬に北面の者を乗せて馳せよと［d］仰せられ

ければ、e馳せ参りて見るに、小大進は、雨しづくと泣きて候ひけり。御前に紅の薄様に書きたる歌を見て、これを取りて参るほどに、いまだf参りもつかぬに、鳥羽殿の南殿の前に、かの失せたる御衣をかづきて、さきをば法師、あとをば敷島とて、待賢門院の雑仕cなりける者、かづきて、獅子を舞ひて参りたりける6こそ、天神のあらたに歌にめでさせ給ひたりけると、めでたく尊く侍れ。すなはち、小大進をば召しけれども、かかる問拷を負ふも、心わろきものにgおぼしめすやうのあればこそとて、やがて仁和寺dなる所にh籠りゐてけり。力をも入れずしてと、古今集の序に書かれたるは、これらの類にや侍らむ。

（『古今著聞集』による）

注
祭文――神に捧げる詞。
神水――神に供えた水。
北面の者――院の御所を警護する武士。
御前――神の御前。
敷島――女の名前。
問拷――疑い。

問一 二重傍線部a～dのうち、他と品詞が異なるものを一つ選べ。（2点）

問二　傍線部1「験なくは」とはどのようなことか。最も適当なものを左の中から選べ。（3点）

1　無くした品物に名前がなければ　　2　他の人たちへの影響がなければ

3　祈ったことへの効果がなければ　　4　それほど重大な失敗でなければ

5　水をこぼした跡が残らなければ

問三　傍線部2「なき名たつ」の意味として最も適当なものを左の中から選べ。（3点）

1　泣いて暮らしていた当時のことが、再び取りざたされる

2　すでにこの世にいるはずのない人のことで、心が乱れる

3　過ぎ去った過去のことを、いつまでもとやかく言われる

4　何の根拠もないところで、自分の名前が人々の噂になる

5　聞いたこともないようなところへ、無理矢理行かされる

問四　傍線部3「よに気高くやむごとなき」の意味として最も適当なものを左の中から選べ。（3点）

1　非常にお人柄の良さそうな

2　きわめて上品で身分の高い

3 実に気品があって体つきの良い
4 とても気位が高くおそろしい
5 どうしても近づけないほど尊い

問五 傍線部4「おどろかし参らせて」を現代語に改めよ。ただし、十字以内とし、句読点等も字数に含むものとする。（4点）

問六 傍線部5「めでたきこと」とはどのようなことを指すのか。最も適当なものを左の中から選べ。（5点）

1 法師たちが獅子舞で賑やかにしていること
2 御宝殿に美しい紅の薄様が貼ってあること
3 法師たちが御衣を頭にかぶってやって来たこと
4 小大進が法皇のもとに呼ばれたこと
5 この逸話が長く語り継がれるようになること

問七　波線部a～hの動作の主体として最も適当なものをそれぞれ左の中から選べ。なお同じ記号は何度用いてもよい。（各1点）

1　法皇　2　小大進　3　検非違使　4　翁　5　北面の者

a	b	c	d	e	f	g	h

問八　傍線部6「こそ」は係り結びの一部であるが、その結びとなっている語を本文中から過不足なく抜き出してそのままの形で記せ。（2点）

/30点

成蹊大学
閑居友（かんきょのとも）

学習テーマ▼ 今回は、仏教説話を扱います。仏教説話は仏教の啓蒙（けいもう）を目的として書かれたものです。世俗の執着を捨てて出家し、仏道修行によって極楽往生するという話が多く、現代とは異なる価値観が根底にあります。主人公の生き方と仏教の教えのつながりを読み取りましょう。

目標解答時間　30分

本冊（解答・解説）p.26

◆次の文章を読んで、後の問に答えよ。

昔、空也上人、山の中にAおはしけるが、常には、「あなものさわがしや」とBのたまひければ、あまたありける弟子たちも、慎みてぞ侍りける。たびたびかくありて、ある時、かき消つやうに、失せ給ひアにけり。心の及ぶほど尋ねけれども、さらにえ遇（あ）ふ事もなくて(1)月ごろになりぬ。さてしもあるべきならイねば、みな思ひ思ひに散りにけり。

かかるほどに、ある弟子、なすべき事ありて、市に出でて侍りければ、(2)あやしの薦（こも）ひきまはしたる中に、人あるけしきして、前に異やうなるものさし出だして、食ひ物のはしばし受け集めて置きたるありけり。「いかすぢの人ならウむ」と、(3)さすがゆかしくてさし寄りて見たれば、行方なくなしてし我が師にておはしける。「(4)あなあさまし。ものさわがしきとのたまはせしうへに、かきくらしC給ひてし後は、ふつに、世の中にまじらひて(5)いまそかるらんとは思はざりつるを」といひければ、「もとの住処のものさわがしかりしが、このほどはいみじくのどかにて、思ひしよりも心も澄みまさりてなむ侍るなり。そこたちを育みD聞こえんとて、とかく思ひめぐらしし心のうちのものさわがしさ、ただおしはかり給ふべし。この市の中は、かやうにてあやしの物さし出だして待ち侍れば、食ひ物おのづから出で来て、さらに乏しき事なし。心散るかたなくて、ひとすぢにいみじく侍り。また、(6)頭(かうべ)に雪をいただきて世の中を走(わし)るたぐひあり。また、目の前に偽りを構へて、(7)悔しかるべき後の世を忘れたる人あり。これらを見るに、悲しみの涙かきつくすべきかたなし。観念(8)たよりあり。心しづかなり。いみじかりける所なり」とぞ侍りける。弟子も涙に沈み、聞く人もさくりもよよと泣きけるとエなん。

その跡とかや、北小路猪熊(いのくま)に石の卒塔婆の侍るめるは、いにしへはそこになむ市の立ちけるに［X］。あるいは、その卒塔婆は玄昉(げんばう)法師のために空也上人の建て給へりけるとも申し侍るオにや。まことにあまたの人を育まんとたしなみ給ひけむ、(9)さこそはと思ひやられE侍り。

あはれ、この世の中の人々の、いとなくとも事も欠くまじきものゆゑに、あまた居まはりたるを、いみじき事に思ひて、これがためにさまざまの心を乱ること、はかなくも侍るかな。命の数満ち果てて、ひとり中有(注)の旅に赴かん時、誰か随ひとぶらふ者あらん。すみやかにこの空也上人のかしこきはからひにしたがひて、(10)身は錦の帳の中にありとも、心には市の中にまじはる思ひをなすべき(11)なめり。

（『閑居友』による）

注　中有——人が死んだ後、次に生まれ変わるまでの期間。

問一　傍線部(1)(2)(3)(4)(5)(8)の現代語訳として最も適当なものをそれぞれ一つ選びなさい。（各1点）

(1) 月ごろ
1 月の出る時期
2 満月の季節
3 月の中旬
4 一ヶ月
5 数ヶ月

(2) あやしの
1 不思議な
2 珍しい
3 不審な
4 粗末な
5 奇妙な

(3) さすがゆかしくて
1 それほど見たくて
2 やはり知りたくて
3 どうしても懐かしくて
4 いっそう恋しくて
5 なんとなく気になって

(4) あなあさまし
1 ああ、思いがけないことだ
2 なんと、みすぼらしいことだ
3 もはや、情けない人だ
4 やはり、浅はかなことだ
5 まあ、話にならない

(5) いまそかる
1 今はこうしている
2 退いている
3 いらっしゃる
4 今まで生きている
5 適応している

(8) たより
1 手紙
2 機縁
3 具合
4 頼み
5 おとずれ

問二　波線部A～Eのうち、謙譲の意味を持つものを一つ選びなさい。（2点）

A　おはしける　　B　のたまひければ　　C　給ひてし　　D　聞こえん　　E　思ひやられ侍り

問三　二重傍線部ア～オのうち、助動詞でないものを一つ選びなさい。（2点）

ア　給ひにけり　　イ　ならねば　　ウ　ならむ　　エ　泣きけるとなん　　オ　侍るにや

(1)	(2)	(3)	(4)	(5)	(8)

問四　傍線部(6)「頭に雪をいただきて世の中を走る」とはどういうことか。最も適当なものを次の中から一つ選びなさい。（2点）

1　頭に雪が積もるほど寒いときに急いで町中を動きまわる。
2　頭に絹を載せてもらえるほどの名誉を受けて世間で活躍する。
3　黒髪が白髪になるほど苦労しながら世事に奔走する。
4　年老いて白髪になっても世渡りにあくせくする。
5　雪を載せて頭を冷やしながら世間の情報を搔(か)き集める。

問五　傍線部(7)「悔しかるべき後の世を忘れたる人」とはどのような人か。最も適当なものを次の中から一つ選びなさい。（4点）

1　来世でも現世と同様の罪を犯すことを想像できない人
2　生まれ変わって地獄に落ちても後悔することのない人
3　前世の行いによって現世の運命が決まると知らない人
4　来世も人間に生まれるためには努力が必要だと知らない人
5　来世で現世の行いを後悔することになると思っていない人

問六　空欄 X に入る言葉として最も適当なものを次の中から一つ選びなさい。（2点）

1　侍り　2　あり　3　侍る　4　侍れ　5　あれ

問七　傍線部(9)「さこそは」の解釈として最も適当なものを次の中から一つ選びなさい。（3点）

1　そのように上手くは育てられなかったはずだ。
2　さぞかし心が落ち着かないことであったろう。
3　それほど尽くしても弟子を育てるのは難しい。
4　それなりの苦労に悩まされたことだろう。
5　いくらでも弟子が育っていっただろう。

問八　傍線部⑽「身は錦の帳の中にありとも、心には市の中にまじはる思ひをなすべき」とは、どのようなことを意味しているか。本文全体の内容をふまえて四十五字程度で説明しなさい。（5点）

問九　傍線部⑾「な」は助動詞である。その意味として最も適当なものを次の中から一つ選びなさい。（2点）

1　断定　2　完了　3　推量　4　打消　5　強意

問十　『閑居友』は鎌倉時代に成立した説話集である。次の中から説話集でないものを一つ選びなさい。（2点）

1　宇治拾遺物語　2　古今著聞集　3　愚管抄　4　十訓抄　5　発心集

／30点

國學院大學 源氏物語（げんじものがたり）

学習テーマ▼ 平安時代の長編物語の代表作『源氏物語』を扱います。『源氏物語』の主人公は言うまでもなく光源氏（ひかるげんじ）ですが、光源氏以外の人物を中心に置いた話もたくさんあります。リード文や設問の選択肢を利用して、登場人物や人物関係を理解し、状況や心情を読み取りましょう。

目標解答時間 30分

本冊（解答・解説）p.40

◆次の文章は『源氏物語』の一節で、天皇である「上（うえ）」の寵愛（ちょうあい）をめぐり、大臣（おとど）の養女である斎宮女御（さいぐうのにょうご）と権中納言（ごんのちゅうなごん）の娘の二人が競っている場面である。これを読んで、後の問に答えよ。

上はよろづのことにすぐれて絵を興あるものにおぼしたり。(a)たてて好ませたまへばにや、二（に）なく描（か）かせたまふ。斎宮女御、いとをかしう描かせたまひければ、(b)これに御心移りて、渡らせたまひつつ、描きかよはさせたまふ。殿上（てんじやう）の若き人々もこのこと(A)まねぶをば、御心とどめてをかしきものにおもほしたれば、まして、をかしげなる人の、心ばへあるさまに(c)まほならず描きすさび、なまめかしう添ひ臥してとかく筆うちやすらひたまへる御さま、(d)らうたげさに御心しみて、いと(e)しげう渡らせたまひて、(f)ありしよりけに御思ひまされるを、権中納言聞きたまひて、あくまでかどかどしくいまめきたまへる御心にて、「我、人に劣りなむや」(X)とおぼしはげみて、すぐれたる上手（じやうず）どもを召し取りて、いみじくいましめて、またなきさまなる絵どもを、二なき紙どもに描き集めさせたまふ。「物語絵こそ心ばへ見えて見どころあるものなれ」とて、おもしろく心ばへあるかぎりを選（え）りつつ描かせたまふ。例の月次（つきなみ）の絵も、見馴れぬさまに、言の葉を書きつづけて御覧ぜさせたまふ。(Y)わざとをかしうしたれば、またこなたにてもこれを御覧ずるに、心やすくも(B)取り出でたまはず、いといたく秘めて、この御方へ持て渡らせたまふを惜しみ領じたまへば、大臣聞きたまひて、「なほ権中納言の御心ばへの若々しさこそあらたまりがたかめれ」など(Z)笑ひたまふ。

注
月次の絵――一月から十二月までの各月の風物を描いた絵。
こなた――権中納言の娘の局。
領じ――独り占めにして手放さない。

問一　傍線部(a)・(f)の現代語訳として最も ふさわしいものを、次のア〜オの中からそれぞれ一つずつ選びなさい。（各2点）

(a)
- ア　進んで興味をお持ちになったらどうだろうか
- イ　おだてて興味を持たせようとなさるのはどんなものだろうか
- ウ　格別に関心を寄せていらっしゃるからだろうか
- エ　特にすきだと言わせようとなさっているのだろうか
- オ　相手を気づかってすきなふりをしていらっしゃればよいのだろうか

(f)
ア　以前よりも際立って
イ　かつてよりも不思議に
ウ　見た目よりもはるかに
エ　前の印象よりもわずかに
オ　生きていた時よりもさらに

(a)　(f)

問二　傍線部(b)はどのようなことを指すのか。最もふさわしいものを、次のア〜オの中から一つ選びなさい。（2点）
ア　上が斎宮女御を気に入った
イ　上が絵に熱中するようになった
ウ　上が絵よりも斎宮女御に関心を持った
エ　斎宮女御が上を気に入った
オ　斎宮女御が絵に熱中するようになった

問三　傍線部(c)はどのような様子か。最もふさわしいものを、次のア〜オの中から一つ選びなさい。（3点）
ア　上手ではないが、楽しんで描いている

イ　型にとらわれないで、自由に描いている
ウ　巧みな絵を、きちょうめんに描いている
エ　下手ではないが、くずした画風で描いている
オ　素人とは思えない絵を、ものの見事に描いている

問四　**傍線部(d)・(e)の意味として最もふさわしいものを、次のア～オの中からそれぞれ一つずつ選びなさい。**（各2点）

(d)　ア　いちずさ　イ　かわいさ　ウ　くるしさ　エ　けだるさ　オ　たくみさ
(e)　ア　しきりに　イ　しつこく　ウ　すばやく　エ　むりやり　オ　ゆっくり

(d)
(e)

問五　**問題文の内容と合致するものを、次のア～オの中から一つ選びなさい。**（3点）

ア　上は万事に精通した人だった
イ　上は絵を習う役人に目をかけた
ウ　上は絵を描いては筆を休めて悩んでいた
エ　上は物語絵が見ごたえのあるものと考えた
オ　上は月次の絵を描いて斎宮女御に見せていた

問六　二重傍線部の動詞(A)「まねぶ」・(B)「取り出で」の、1　活用の行　2　活用の種類　3　活用形　は何か。該当するものを、次のア～カの中からそれぞれ一つずつ選びなさい。（各1点）

1　ア　ア行　イ　タ行　ウ　ダ行　エ　ナ行　オ　バ行　カ　マ行

2　ア　四段活用　イ　上一段活用　ウ　上二段活用　エ　下一段活用　オ　下二段活用
　カ　変格活用

3　ア　未然形　イ　連用形　ウ　終止形　エ　連体形　オ　已然形　カ　命令形

(A)
1
2
3

(B)
1
2
3

問七　波線部(X)の文法的な説明として最もふさわしいものを、次のア～オの中から一つ選びなさい。（2点）

ア　係助詞　イ　終助詞　ウ　副助詞　エ　完了の助動詞＋推量の助動詞
オ　断定の助動詞＋推量の助動詞

問八　波線部(Y)の意味する内容として最もふさわしいものを、次のア～オの中から一つ選びなさい。（3点）

ア　かえって趣深くなっている
イ　奇をてらって斬新に仕上げてある

ウ　わざとらしい演出をほどこしてある

エ　特にすばらしい趣向を取り入れてある

オ　意図的に変わった内容を盛り込んでいる

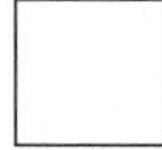

問九　波線部(Z)は権中納言の何を笑ったものか。最もふさわしいものを、次のア〜オの中から一つ選びなさい。（3点）

ア　おとなげない競争心　　イ　かざり気のない親心　　ウ　子供のような純粋さ

エ　ひたむきなまじめさ　　オ　みずみずしい感受性

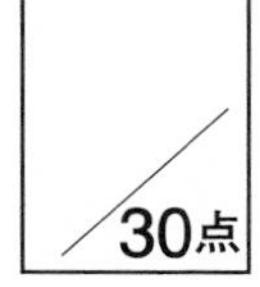

4 物語

日本女子大学

堤中納言物語(つつみちゅうなごんものがたり)

学習テーマ▼ 今回は短編物語を扱います。リード文はありませんが、典型的な物語の始まり方をしていますので、登場人物を把握し、その人物関係を踏まえたうえで、状況の変化とそれに伴う登場人物の心情や行動を丁寧に読み取り、本文の読解を和歌の修辞の理解につなげましょう。

目標解答時間 30分

本冊(解答・解説) p.52

◆次の文章を読んで、後の問に答えよ。

大納言の姫君、二人(注1)ものし給(たま)ひし、まことに物語にかきつけたる有様に劣るまじく、何事につけても生ひ出(い)で給ひしに、故大納言も母上も、うちつづきかくれ給ひ<u>　A　</u>にしかば、いと心ぼそきふるさとにながめすごし給ひしかど、<u>ア はかばかしく</u>御乳母(めのと)だつ人もなし。ただ常に候ふ侍従・弁などいふ若き人々のみ候へば、年にそへて人目まれにのみなりゆくふるさとに、いと心ぼそくておはせしに、右大将の御子の少将、知るよしありて、いとせちに聞こえわたり給ひしかど、<u>B かやうの筋</u>はかけても思(おぼ)しよら<u>　1　</u>ぬ事にて、御返事など思しかけざりしに、少納言の君とて、いといたう色めきたる若き人(注2)、何のたよりもなく、二所(注3)おほとのごもりたる所へ<u>C みちびき聞こえてけり</u>。

もとより御志ありける事にて、「姫君」をかき抱きて、御帳のうちへ入り給ひにけり。思しあきれたるさま、例の事なれば書かず。おしはかり給ひにしも過ぎて、あはれに思さるれば、うち忍びつつかよひ給ふを、父殿聞き給ひて、「人のほどなど、くちをしかるべき<u>　2　</u>にはあら<u>　3　</u>ねど、何かはいと心ぼそきところに」など、イゆるしなくのたまへば、思ふほどにもおはせず。I君もしばしこそ忍びすごし給ひしか、さすがにさのみはいかがおはせむ。さるべきに思しなぐさめて、やうやううちなびき給へるさま、いとどらうたくあはれなり。昼などおのづから寝すごし給ふ折、D見たてまつり給ふに、いとあてにらうたく、うち見るより心苦しきさまし給へり。何事もいと心憂く、人目まれなる御住まひに、人の御心もいと頼みがたく、いつまでとのみながめられ給ふに、四五日いぶせくてつもり4ぬるを、思ひし事かなと心ぼそきに、御袖ただならぬを、我ながらいつ習ひけるぞと思ひ知られ給ふ。

IIひとごころ　あきのしるしの　かなしきに　かれゆくほどの　けしきなりけり

「など手習ひに馴れにし心なるらむ」などやう5にうちなげかれて、やうやう更け行けば、ただうたたねに御帳の前にうち臥し給ひにけり。少将、内裏（うち）より出で給ふとておはして、うち叩（たた）き給ふに、人々ウおどろきて、「中の君」起こし奉りて、（注4）わが御方へ渡し聞こえなどするに、やがて入り給ひて、「大将の君のあながちにいざなひ給ひつれば、初瀬へ参りたりつる」ほどの事など語り給ふに、ありつる御手習ひのあるを見給ひて

ときはなる　のきのしのぶを　しらずして　かれゆくあきの　けしきとやおもふ

と書き添へて見せ奉り給へば、いとはづかしうして、御顔引き入れ給へるさま、いとらうたく児（こ）めきたり。

（『堤中納言物語』による）

注　1　二人――本文中の「姫君」と「中の君」の二人の姉妹のこと。

2　若き人――若い女房。

3　二所――「姫君」と「中の君」二人のこと。

4　わが御方――「中の君」のお部屋。

問一　傍線部A「に」と同じ助動詞を二重傍線部の項目（1〜5）から一つ選びなさい。（2点）

1 ぬ　2 に　3 ね　4 ぬる　5 に

問二　傍線部ア「はかばかしく」、イ「ゆるしなく」、ウ「おどろきて」の意味を、それぞれ、次の項目（1〜4）から選びなさい。（各2点）

ア
1 はきはきとした
2 てきぱきとした
3 はなはだしく
4 しっかりとして

イ
1 許可なく
2 容赦なく
3 支障なく
4 油断なく

ウ
1 びっくりして
2 目をさまして
3 おそろしく
4 息をのんで

ア
イ
ウ

問三 傍線部B「かやうの筋」とは具体的にどのようなことか、説明しなさい。（6点）

問四 傍線部C「みちびき聞こえてけり」、D「見たてまつり給ふ」は、「誰の」、「誰に」対しての行為を示しているか、もっとも適当な人物を、それぞれ、次の項目（1～5）から選びなさい。（各2点）

1 少将　2 「姫君」　3 右大将　4 「中の君」　5 少納言の君

	C	D
誰の↓		
誰に↓		

問五　傍線部Ⅰ「君もしばしこそ忍びすごし給ひしか、さすがにさのみはいかがおはせむ」の内容として、もっとも適当なものを、次の項目（1～4）から一つ選びなさい。（4点）

1　中の君がしばらくの間は遠慮して別の所にいたが、そうもしていられなくて、姫君と同じ部屋に休むようになったこと。

2　少将の君がしばらくの間はこっそりとしのんで通っていたが、そうもしていられなくて、堂々と通うようになったこと。

3　大将の君が少将の行動をしばらくの間は見過ごしていたが、そうもしていられなくて、強く注意するようになったこと。

4　姫君はしばらくの間は少将に対してかたくなだったが、そうもしていられなくて、少将にうちとけるようになったこと。

問六　傍線部Ⅱ「ひとごころ　あきのしるしの　かなしきに　かれゆくほどの　けしきなりけり」には掛詞が二箇所ある。それぞれ何と何がかかっているか、その差異がわかるように説明しなさい。（各1点　①と②は順不同）

①	②
と	と

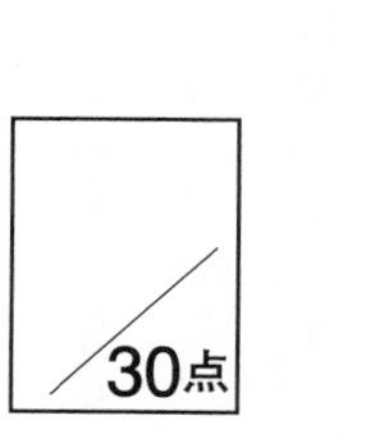

4

5 物語

中京大学

栄花物語(えいがものがたり)

学習テーマ▼ 今回は歴史物語を扱います。物語は人物関係を踏まえたうえで読み進めるのが定石ですが、今回はその逆で、人物関係を本文から読み取るという問題です。主人公の身に起きた出来事やそれに対する心情を読み取ることによって、登場人物の関係を判断しましょう。

目標解答時間 30分

本冊（解答・解説）p.64

◆次の文章は、平安時代中期の公卿大納言藤原公任が長谷(ながたに)に籠って正月を迎えたときの様子を述べたものである。これを読んで、後の問に答えよ。

かくて奥山の御住居(すまゐ)も、本意あり、心のどかに思されて、年も暮れぬれば、一夜がほどに変はりぬる峰の霞もあはれに御覧ぜられて、「[A]山里いかで春を知らまし」など、うちながめさせたまふに、一日(ついたち)の日も暮れて、二日辰(たつ)の時ばかり、[B]弁の君参りたまへり。思ひかけぬほどのことかなと思さるるに、御装束持たせたまへりける、隠れの方(かた)より[C]うるはしうして、御前(おまへ)に出でて拝したてまつりたまふなりけり。[D]人なかのをりの御住居だに、なほわが御心には勝れて見えおぼさるる御有様の、まいてさる山の長谷のほとりにては、光るやうに見えたまふに、あないみじ、これを人に見せばやと、見る甲斐(かひ)あり、めでたのただ今の有様やと、人の子にて見んに、うらやましくも、持たらまほしかるべき子なりや、見目(みめ)、容貌(かたち)、心ばせ、身の才(ざえ)いかでかくありけんと、あはれにいみじう思さるるにも、御涙浮かびぬ。さて山里の御あるじ、ところにしたがひをかしきさまにて、御供の人にも御み酒賜(き)ひて、帰りたまふなごり恋しくながめやられたまふ。

かくてついたち四日のつとめて、御堂(みだう)に、三井(みゐ)の別当僧都尋ねに御消息ものせさせたまへば、参りたまへり。さて心のどかに御物語などありて、御本意のことも聞こえたまへば、僧都うち泣きて御髪(みぐし)おろしたまひつ。戒など授けたてまつりたまひぬ。

かくて帰りたまひぬれば、世にやがてもり聞こえぬ。これを聞こしめして、御堂より御装束一領(ひとくだり)してまゐらせたまふとて、

　いにしへは思ひかけきやとりかはしかく着んものと法(のり)の衣を

御返(かへ)し、長谷より、

　おくれじと契りかはして着るべきを君が衣にたち後(おく)れける

とぞ聞こえさせたまひける。

（『栄花物語』より）

注
奥山の御住居――洛北の長谷にある解脱寺。
隠れの方――人目につかぬ所。
御あるじ――「御あるじまうけ」の略。もてなし。
御堂――藤原道長の法成寺または道長本人。
三井の別当僧都――心誉。このときは法成寺の別当。

問一　傍線部A「山里いかで春を知らまし」はある歌の下句を引用した文である。この下句に相応しい上句を次の中から選べ。(4点)

1　花の香を風のたよりにたぐへてぞ

2　鶯の声なかりせば雪消えぬ

3　吉野山峰の白雪いつ消えて

4　春日野の飛ぶ火の野もり出でて見よ

5　よそにのみあはれとぞ見し梅の花

問二　傍線部B「弁の君」と公任とはどんな関係か。最適なものを次の中から選べ。(6点)

1　上司と下司　　2　学問の師と学生

3　義父と娘婿　　4　父と子

5　大納言と勅使

問三　傍線部C「うるはしうして」を文意に即して分かり易く十字以内で現代語訳せよ。(5点)

問四　傍線部Ｄ「人なかのをりの御住居」の説明として最適なものを次の中から選べ。（4点）

1　多くの人材が集まる帝都
2　騒がしい人混みに近い学舎
3　宮中の立派な御殿
4　宮中外の帝の臨時の御在所
5　人の出入りの多い都の邸

問五　弁の君を見て公任が心中思ったこと（心内語）の始まりと終わり各五字を記せ。（句読点は字数に含まない）（5点）

〜

問六　「おくれじと」の歌には一カ所掛詞がある。その部分を抜き出し次の形で答えよ。（各2点）

［　　］の部分に［　　］と［　　］の意味が掛けてある。

30点

専修大学 蜻蛉日記(かげろうにっき)

学習テーマ▼ 今回は、日本で初めて書かれた女流日記文学、『蜻蛉日記』を扱います。『蜻蛉日記』には主語がほとんど書かれていませんので、主体判定を意識しながら読み進め、作者の周りで起きた「出来事」、それに対する作者の「心情」を、因果関係を意識しながら読み取りましょう。

目標解答時間 30分

本冊(解答・解説) p.76

◆次の文章は、作者道綱母のもとを訪れた藤原兼家が、体調の異変を訴えた時の様子を描いている。これを読み、後の問に答えよ。

三月(やよひ)ばかり、ここに渡りたる程にしも、苦しがりそめて、いとわりなう苦しと思ひ惑ふを、いといみじと見る。言ふことは「ここにぞ、Aいとあらまほしきを、何事もせむに、いと便(びん)なかるべaければ、かしこ(注1)へものしアなむ。Bつらしとなおぼしそ。にはかにも、いくばくもあらぬ心地なむするイなむ、いとわりなき。あはれ、死ぬとも、おぼし出づべきことのなきなむ、いとかなしかりける」とて、(あ)泣くを見るに、ものおぼえずなりて、またいみじうC泣かるれば、「な(い)泣き給ひそ。苦しさまさる。よにいみじかるべきわざは、心はからぬ程に、かかる別れせむなむありける。いかにし給はむずらむ、一人は世におはせじな。さりとも、おのが忌み(注2)の内にし給ふな。もし死なずはありとも、限りと思ふなり。Dありとも、こちは［　］参るまじ。おのがさかしからむ時こそ、いかでもいかでも、ものし給はめと思へば、かくて死なば、これこそは、見奉るべき限りなめれ」など、臥(ふ)しながら、いみじう語らひて(う)泣く。

これかれ、ある人々(注3)、呼びよせつつ、「ここには、いかに思ひ聞こえたりとか見る。かくて死なば、また対面せでや、やみ(ウ)なむと思ふこそ、いみじ(b)けれ」と言へば、みな泣きぬ。みづからは、ましてものだに言はれず、ただ(え)泣きにのみ泣く。

かかる程に、心地いと重くなりまさりて、車さし寄せて乗らむとて、かき起こされて、人にかかりてものす。うち見おこせて、つくづくうちまもりて、いといみじと思ひたり。とまるはさらにも言はず。このせう(注4)となる人なむ、「なにか、かくまがまがしう。さらになでふことかおはしまさむ。はや奉り(エ)なむ」とて、やがて乗りて、抱へてものしぬ。思ひやる心地、言ふかたなし。

（『蜻蛉日記』による）

注

1 かしこ――自邸である兼家邸。
2 忌み――喪に服すこと。
3 ある人々――道綱母に仕える女房達。
4 せうと――道綱母の兄弟。

問一 傍線部a、b「けれ」の文法的説明として適当なものを、次の①～⑤の中から一つ選びなさい。（2点）

① aは推量の助動詞の一部で、bは過去の助動詞
② aは形容詞の一部で、bは過去の助動詞
③ aは過去の助動詞で、bは形容詞の一部

6

④ aは推量の助動詞の一部で、bは形容詞の一部

⑤ aは形容詞の一部で、bは推量の助動詞の一部

□

問二　波線部ア〜エの「なむ」の文法的説明として適当なものを、次の①〜⑤の中から一つ選びなさい。（2点）

① アのみが係助詞で、他は助動詞「ぬ」に助動詞「む」が接続したもの

② イのみが係助詞で、他は助動詞「ぬ」に助動詞「む」が接続したもの

③ ウのみが係助詞で、他は助動詞「ぬ」に助動詞「む」が接続したもの

④ エのみが係助詞で、他は助動詞「ぬ」に助動詞「む」が接続したもの

⑤ アからエまで、すべてが係助詞である

□

問三　傍線部A「いとあらまほしきを」の現代語訳として、もっとも適当なものを次の①〜⑤の中から一つ選びなさい。（4点）

① 糸があったらよいのだが

② とてもうらやましいことだけれども

③ たいへん理想的であるけれども

④ とても荒々しいことだが
⑤ ぜひ留まっていたいのだが

問四　傍線部B「つらしとなおぼしそ」の解釈として、もっとも適当なものを次の①～⑤の中から一つ選びなさい。（4点）

① あなたを家に帰すことを、意地が悪いと思わないでおくれ
② 病でつらいから、私に冷たくしないでください
③ 私のすることを、ひどい仕打ちとお思いにならないでおくれ
④ 病でつらいときに、私に心配をかけないでください
⑤ 女房達に、ひどい仕打ちをしてやろうなどと思わないでおくれ

問五　傍線部C「泣かるれば」の解釈として、もっとも適当なものを次の①～⑤の中から一つ選びなさい。（4点）

① 道綱母も、泣くことはできるが
② 道綱母も、自然と涙があふれてくるので
③ 兼家も、お泣きになるので
④ 兼家も、つい涙をこぼすが
⑤ 兼家に、泣かされてしまったが

問六　二重傍線部(あ)～(え)の「泣く」の主体の組み合わせとして、もっとも適当なものを次の①～⑤の中から一つ選びなさい。（4点）

① (あ) 道綱母　(い) 兼家　(う) 道綱母　(え) 道綱母
② (あ) 道綱母　(い) 兼家　(う) 道綱母　(え) 兼家
③ (あ) 兼家　(い) 兼家　(う) 兼家　(え) 道綱母
④ (あ) 兼家　(い) 道綱母　(う) 兼家　(え) 兼家
⑤ (あ) 兼家　(い) 道綱母　(う) 兼家　(え) 道綱母

□

問七　傍線部D「ありとも、こちは□参るまじ」に関して、空欄に補うべき語と、その解釈について、もっとも適当なものを次の①～⑤の中から一つ選びなさい。（4点）

① 「え」を補い、兼家が死ななかったとしても、道綱母の屋敷に参上することはできまい、の意
② 「え」を補い、兼家に命があったとしても、兼家の屋敷に道綱母が見舞いに参上なさってはいけない、の意
③ 「な」を補い、道綱母に機会があったとしても、病の治癒（ちゆ）を祈るため寺などに参詣なさってはいけない、の意
④ 「をさをさ」を補い、兼家が生きていたとしても、もう宮中に参上することは無理だろう、の意
⑤ 「をさをさ」を補い、兼家に運があったとしても、宮中から退出することはできないだろう、の意

□

問八　問題文の内容と一致するものを次の①～⑤の中から一つ選びなさい。（6点）

① 病の兼家は、数日前から体に不調を感じていたので、余命もそれほど長くないのではないかと不安を覚えていたことを、道綱母にだけ告白した

② 病の兼家は、車で道綱母の屋敷を去るに際し、道綱母のほうを見つめるばかりであったが、道綱母も心が動揺して何も言うことができなかった

③ 病の兼家は、道綱母や周囲の者たちと言葉を交わしているうちに、少しずつではあるが、体調が回復し、ようやく車に乗ることができた

④ 病の兼家は、自らの死後、道綱母は必ず他の男と結婚するだろうけれども、もしそうであるなら、できるだけ早いほうがよいと述べた

⑤ 病の兼家は、道綱母の兄弟に抱きかかえられて、車に乗り込んだが、その兄弟も、道綱母を気の毒に思って、すっかり肩の力を落としていた

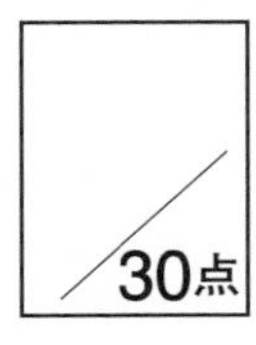

6

7 日記

京都産業大学
成尋阿闍梨母集（じょうじんあじゃりのははのしゅう）

学習テーマ▼ 今回は、日記的家集を扱います。「家集」とは、「個人の歌集」のことです。自分の身の周りに起こったことにまつわる歌をのせ、その説明を綴（つづ）っていますので、歌集でありながら日記のような性質も持っています。その点に留意して、作者の心情を読み取りましょう。

目標解答時間　30分

本冊（解答・解説）p. 88

◆次の文章は、平安時代の後期に書かれた日記的な家集、『成尋阿闍梨母集』の一節である。僧侶であるわが子成尋（六十一歳）が宋の国に渡ることを決め、母（八十三歳）は別れの悲しみに沈んで、その思いを記す。ここは、成尋が筑紫（今の福岡県）で乗船の準備をしていて、母は都で律師（成尋の兄弟）の世話を受けている。これを読んで、後の問に答えよ。

年ごろ思ふことなくて、世の中(注1)さわがしと言へば、この君(注2)(きん)だちいかがと思へど、かばかり A<u>行ひつとめつ</u>つおはさうずれば、それも頼もしうはべりつるほどに、多くの年ごろあり、B<u>かくたぐひなき心つきたまへ</u>りける阿闍梨の心やうになるまであひたるも、あまりの命長さの罪にぞ覚えはべる。今はもし立ち寄りおはしたりとも、それまで世に生きてはべらじと、けふにても失(う)せぬべく覚えはべるなり。

嘆きわび絶えん命は口惜しくつゆ言ひ置かん言の葉もなし

と思ふほどに、蟬(せみ)鳴く。おどろおどろしき声ひきかへ、道心起こしたる、「くつくつ法師(注3)」と鳴くも、C<u>むなしき殻(から)こそは梢(こずゑ)にはとどめんずらめ、それにも劣りて、この身には影だにも見えず。</u>

あはれに尽きせぬ涙こぼれ落つるに、人の来て言ふ。「筑紫よりよべまで来たる人の、『八月二十よ日のほどに、阿闍梨は唐（注4）に渡りたまひなんとて、船に乗るべきやうにておはす、と聞きし』と申す」と言へど、D文（ふみ）などもあらばこそは、まことにやあらん、虚言（そらごと）にやあらん、と胸塞（ふた）がりて、いとどしくあはれに悲しうて、

E淀（よど）みなく涙の川はながるれどおもひぞ胸をやくとこがるる

たち別れ聞えし日より、落つる涙の絶え間に、目も霧（き）りて見えぬにも、目さへ見えずなりて、長らへん命の心憂く、けふにても死なまほしく待つに、いとわりなかりし心地（注5）にも、死なずなりにしも、いと心憂く覚ゆ。よその人は、深く世をあはれと思ひたる気色にも、心一つのみわびしくて、わびては、これF この世のことにあらじ、前（さき）の世に契り置きてこそ仇敵（あたかたき）なる子もあんなれ、これはG 多くの年ごろ、飽かぬことなくてあらせたまへるかぎりの、ありける月日のかぎりにや、と思ひなせど、心のうちは慰む方なくて、今はただ律師一人あつかひたまふぞ、いとほしく覚ゆる。よろづにつけて恋しく、などて、ただ、いみじき声を出だして泣き惑ひても、控へとどめ聞えずなりにけん、と悔しうぞ。

注
1 世の中さわがし――疫病の流行のことをいう。
2 君だち――作者の子である成尋や律師のこと。
3 ひきかへ――～と違って、という意味。
4 唐――唐土で、ここは宋の国のこと。
5 いとわりなかりし心地――作者が以前に病気にかかって、つらく苦しかったことをさす。

問一　傍線部A「行ひつとめ」は、どのような意味か。最も適切なものを一つ選べ。（2点）

1　加持・祈禱の勉強をする。

2　仏道の修行に励む。

3　世の中の混乱を正す。

4　母親の面倒を見る。

問二　傍線部B「かくたぐひなき心」は、どのような「心」か。最も適切なものを一つ選べ。（2点）

1　老いた母親の世話をしようとする孝行の志。

2　世の中の疫病を霊験によって治そうとする志。

3　宋の国に行って仏道を究めようとする志。

4　仏教の教えによって世の混乱を正そうとする志。

問三　傍線部C「むなしき殻こそは梢にはとどめんずらめ、それにも劣りて、この身には影だにも見えず」は、どういうことを言おうとしているか。最も適切なものを一つ選べ。（5点）

1　蟬は脱け殻を残して、それははかないことであるが、わが身はそれ以下で、息子の面影さえも残っていない。

2　蟬は脱け殻を残して、それはからっぽであるが、わが身はそれ以下で、もう二度と息子と会うことができない。

3　蟬は脱け殻を残して成長していくのに、わが身は息子と生き別れしなければならず、何の生きた証(あかし)もない。

4　蟬は脱け殻を残して成長していくので楽しみであるが、わが身には息子の幻影さえも見えず、むなしくなる。

問四　傍線部D「文などもあらばこそは」で、「文などもあらば」は「成尋から船に乗ることになったと手紙などの連絡が届いているならば」という意味であるが、次に「こそ」と「は」の係助詞を重ねて強調することによって、より複雑な心境を表している。それはどのようなものか。最も適切なものを一つ選べ。（5点）

1　どんなにうれしいことであろうか

2　せめてそう思うだけでも幸せな気分になるが

3　そのことを信じてひたすら待とう

4　信じられるが、実際はそうではないのだから

7

問五　傍線部E「淀みなく……」の歌は、「おもひ」（思ひ）の「ひ」に火の意を掛けている。この歌の趣旨として最も適切なものを一つ選べ。（6点）

1　あふれ出て激しく流れる涙によってでも思いの火が消えないほど、わが子を恋い慕っている。
2　あふれ出て激しく流れる涙によって思いの火を消したいほど、わが子のことを思って苦しくなる。
3　涙があふれ出て激しく流れているように、わが子への強い思いは火となって、胸を焼きこがしている。
4　涙があふれ出て激しく流れている以上に、より強くわが子を恋いこがれる胸の思いが火となって燃えている。

□

問六　傍線部F「この世のことにあらじ、前の世に契り置きてこそ仇敵なる子もあんなれ」で、作者は現世の事柄は前世の因縁の法則によってつながるもので、前世で仇敵であった者が現世で親子となることもあるという、とまで考える。これほどに思い詰めて、作者はどのようにして自分の心を落ち着かせようとしているか。最も適切なものを一つ選べ。（5点）

1　親子の縁はもともとはかないものであると、慰めようとする。
2　子がいるために親はこの世の苦悩から逃れられないと、悟ろうとする。
3　子がこれほど親を苦しませることもあり得ると、納得しようとする。
4　親をこれほど悲しませる子の存在が憎いと、思うようにする。

問七　傍線部G「多くの年ごろ、飽かぬことなくてあらせたまへるかぎりの、ありける月日のかぎりにや」で、作者はどのようなことを考えているか。最も適切なものを一つ選べ。（5点）

1　長い間、十分に満足することなく過ごしてきたが、それももう限界で、今はもう最期を待つだけであろう。

2　長い間、何の不満足もなく過ごさせて下さった月日にも限度があり、今、その限度が来たのであろう。

3　長い間、少しは満足して過ごした月日にも限度があり、今、そうしていられる時間の限度になったのであろう。

4　長い間、特に不満もなく過ごさせて下さったが、限りある寿命も今はもう限度を迎えたのであろう。

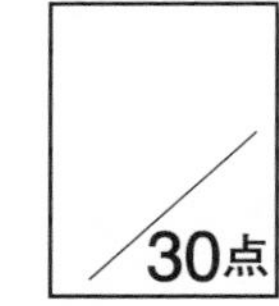

30点

7

8 日記

龍谷大学 都のつと

学習テーマ▼ 今回は中世の紀行文を扱います。紀行文とは、旅行中の見聞や感想などを書き記したもので、日記に分類されます。「私」が旅先で遭遇した出来事、そしてそれに対する「私」の心情はどのようなものであったかを、筆者が出家者であることを踏まえて読み取りましょう。

目標解答時間 30分

本冊（解答・解説）p.98

◆左の文章は、南北朝期の歌人宗久の紀行文『都のつと』の一節で、宗久が東国に旅をした時の体験を記したものである。これを読んで、後の問に答えよ。

春に成りしかば、上野の国へ越え侍りしに、思はざるに、一夜の宿を貸す人あり。［A］の初めの程なりしに、軒端の梅のやうやう散り過ぎたる木の間に霞める月の影も雅びかなる心地して、所の様も、松の柱、竹編める垣し渡して、ゐなかびたる、さる方に住みなしたるも由ありて見えしに、家主出であひて、心ある様に旅の愁へをとぶらひつつ、世を厭ひそめける心ざしの程など、細かに問ひ聞きて、「われも常なき世のあり様を思ひ知らぬにはあらねども、背かれぬ身の絆しのみ多くてかかづらひ侍る程に、①あらましのみにて今日まで過ぐし侍りつるに、今夜の物語になむ、捨てかねける心の怠りも今更驚かれて」など言ひて、「暫しはここに留まりて、道の疲れをも休めよ」と語らひしかど、末に急ぐ事ありし程に、秋の頃必ず立ち帰るべき由、契りおきて出でぬ。

その秋八月ばかりに、②かの行方もおぼつかなくて、わざと立ち寄りて訪ひ侍りしかば、その人は亡くなりて、今日七日の法事行ふ由答へしに、あへなさも言ふ限りなき心地して、などか今少し急ぎて訪ねざりけむ、③さしもねんごろに頼めしに、偽りのある世ながらも、いかに空頼め（そらだの）と思はれけむと、心憂くぞ侍りし。さて終（つひ）の有様（ありさま）など尋ね聞きしかば、「④今はの時までも申し出でし物を」とて、跡の人々泣きあへり。有待（うだい）の身、初めて驚くべきにはあらねども、無常迅速なる程も、今更思ひ知られ侍りし。

（中略）

いとど塵（ちり）の世もあぢきなく覚えて、ありか定めず迷ひありきし程に、室の八島なども過ぎて、身にしみ侍りき。

春より都を出で侍りしに、またこの秋の末にこの関を越え侍りしかば、古曽部（こそべ）の沙弥（しゃみ）能因が、「⑤都をば霞とともに立ちしかど秋風ぞ吹く白川の関」と詠じけるはまことなりけりと、思ひ合はせられ侍り。かの能因が、この歌のために、なほその境に至らで⑥詠めらむは無念なりとて、東へ下りたる由にて暫し籠（こも）り居て、この国にて詠みけると披露しけるとかや。一度はうるはしく下りけるにや、「八十嶋（やそしま）の記」などいふ物、書きおきて侍り。竹田大夫国行が水鬢（みづびん）掻（か）きけむまでこそなくとも、この所をばいささか心化粧しても過ぐべかりけるを、さも侍らざりしこそ心後れに侍りしか。

都にも今や吹くらむ秋風の身にしみわたる白川の関

注　有待の身――仏教語で、人間のこと。

室の八島――下野国（しもつけのくに）の歌枕で、いまの栃木県栃木市惣社（そうじゃ）にある大神（おおみわ）神社。
古曽部――現在の大阪府高槻（たかつき）市の地名。
沙弥――僧侶のこと。
八十嶋の記――能因の作と伝えられる紀行文。
水鬢掻きけむ――水で鬢（こめかみの辺りの毛髪）のほつれを掻き撫（な）でること。
心後れ――気のきかないこと。

問一　空欄 A を補うのに最も適当なものを一つ選びなさい。（3点）

①　一月　②　三月　③　八月　④　九月

問二　傍線部①「あらましのみにて今日まで過ぐし侍りつるに」は具体的にはどういうことですか。最も適当なものを一つ選びなさい。（4点）

①　出家したいという思いを抱くだけで、それを実行しないまま今日まで過ごしてきたということ。
②　旅をしたいという気持ちを抱くばかりで、今日まで何の行動もしないで過ごしてきたということ。
③　一日一日を大ざっぱな考えで適当なことばかりして無意味に今日まで過ごしてきたということ。
④　命がはかないということはわかっていながら、それをはっきりと自覚しないまま今日まで過ごしてきたということ。

問三　傍線部②「かの行方もおぼつかなくて」の解釈として最も適当なものを一つ選びなさい。（4点）

① 家主の病状もよくわからなかったので
② 旅人のその後もはっきりしなかったので
③ 旅人の病状もよくわからなかったので
④ 家主のその後も気にかかったので

問四　傍線部③「さしもねんごろに頼めしに」の解釈として最も適当なものを一つ選びなさい。（4点）

① あれほどけなげに帰ることを期待していたのに
② あれほど心から約束して期待させていたのに
③ あれほど親しく交わり合って信頼していたのに
④ あれほど身体を大切にするように言って信頼させていたのに

8

問五　傍線部④「今はの時までも申し出でし物を」の解釈として最も適当なものを一つ選びなさい。（4点）

① 今の今まで出家したいと言っていましたのに
② 今の今まで死後のことを気にしていましたのに
③ 臨終のときまでもあなたのことを申していましたのに
④ 臨終のときがいつかまでもあらかじめ申していましたのに

問六　傍線部⑤「都をば霞とともに立ちしかど秋風ぞ吹く白川の関」の歌の詠まれた事情について、本文ではどのように説明していますか。最も適当なものを一つ選びなさい。（5点）

① 白川に本当に行って詠んだそうだが、それは誤った伝説だという説もある。
② 白川に行ったふりをして詠んだそうだが、本当に行ったと思われるふしもある。
③ 白川に以前行ったことを思い出して詠んだとされているが、証拠はない。
④ 白川には春に行ったのに、秋に行ったとうそを詠んだことは、証拠も残っている。

問七　傍線部⑥「詠めらむ」の「らむ」の語を文法的に説明したものとして最も適当なものを一つ選びなさい。（2点）

① 現在推量の助動詞「らむ」の連体形

② 伝聞・推定の助動詞「らむ」の連体形

③ 完了の助動詞「り」の未然形「ら」＋推量の助動詞「む」の連体形

④ 過去の助動詞「り」の未然形「ら」＋推量の助動詞「む」の連体形

問八　波線部「能因」は平安時代中期の人ですが、これと同時代の人を一人選びなさい。（4点）

① 柿本人麻呂　② 紫式部　③ 藤原定家　④ 上田秋成

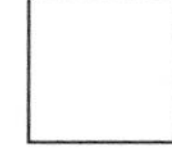

8

9 随筆

名城大学

方丈記(ほうじょうき)

学習テーマ▼ 今回は鎌倉時代を代表する随筆を扱います。貴族社会から武家社会へと変わる時代を生きた鴨長明(かものちょうめい)の価値観、またその根底にある「無常観」を読み取りましょう。

目標解答時間　30分

本冊（解答・解説）p.108

◆次の文章を読み、後の問に答えよ。

　おほかた、この所に住みはじめし時は、(ア)あからさまと思ひしかども、今すでに、五年(いつとせ)を経たり。仮の庵(いほり)もややふるさととなりて、軒に朽(く)ち葉(ば)ふかく、土居(つちゐ)に苔(こけ)むせり。(イ)おのづから、ことの便りに都を聞けば、この山にこもりゐてのち、やむごとなき人の 問二 かくれたまへるもあまた聞こゆ。まして、その数ならぬたぐひ、尽くしてこれを知る 問三 べからず。たびたびの炎上にほろびたる家、また 問四 いくそばくぞ。ただ仮りの庵のみ、のどけくしておそれなし。(ウ)程せばしといへども、夜臥(ふ)す床(ゆか)あり、昼ゐる座あり。一身を宿すに不足なし。問五 寄居虫(かむな)(注1)は小さき貝を好む。これ身知れるによりてなり。鶚(みさご)(注2)は荒磯にゐる。すなはち、人をおそるるがゆゑなり。われまたかくのごとし。身を知り、世を知れれば、願はず、(エ)走(わし)らず。ただしづかなるを望みとし、憂へなきをたのしみとす。すべて世の人のすみかをつくるならひ、必ずしも、身のためにせず。或いは妻子・眷属(けんぞく)(注3)のためにつくり、或いは親昵(しんぢつ)(注4)・朋友(ほういう)のためにつくる。或いは主君・師匠、および財宝・牛馬のためにさへこれをつくる。われ、今、身のために(オ)むすべり。人のためにつくらず。ゆゐいかんとなれば、今の世のならひ、この身のありさま、ともなふべき人もなく、頼むべき奴(やっこ)(注5)もなし。たとひ、ひろくつくれりとも、誰を宿し、**問六** 誰をか据(す)ゑん。

問七 それ、人の友とあるものは、富めるをたふとみ、ねむごろなるを先とす。必ずしも、なさけあると、すなほなるとをば愛せず。ただ、(カ)糸竹(しちく)・花月を友とせんにはしかじ。人の奴たるものは、賞罰はなはだしく、恩顧あつきを先とす。さらに、はぐくみあはれむと、安くしづかなるとをば願はず。ただ、**問八** わが身を奴(ぬ)婢(ひ)(注6)とするにはしかず。いかが奴婢とするとならば、もし、なすべきことあれば、すなはちおのが身をつかふ。**問九** たゆからずしもあらねど、人をしたがへ、人をかへりみるよりやすし。もし、ありくべきことあれば、みづからあゆむ。苦しといへども、馬・鞍(くら)・牛・車と、心を悩ますにはしかず。

（『方丈記』より）

注

1 寄居虫――やどかりの古名。
2 鶚――タカ科に属する猛禽。
3 眷属――一族。
4 親昵――親しい人。
5 奴――召使。
6 奴婢――召使。

9

問一　傍線部（ア）～（カ）の本文中における意味として最も適当なものを、それぞれ次の①～⑤から一つ選べ。（各1点）

（ア）あからさま
①　そっけなく　②　すぐさま　③　ほんのしばらく　④　あっけなく　⑤　ありのまま

（イ）おのづから
①　たまたま　②　ゆっくりと　③　みずから　④　もしも　⑤　ひょっとして

（ウ）程
①　限度　②　様子　③　時間　④　広さ　⑤　身分

（エ）走らず
①　わすれない　②　あきらめない　③　わからない　④　あくせくしない　⑤　あらそわない

（オ）むすべり（むすぶ）
①　固まる　②　手ですくう　③　現れる　④　約束する　⑤　造る

（カ）糸竹
①　刺繡　②　竹細工　③　音楽　④　絵画　⑤　自然

（ア）	（イ）	（ウ）	（エ）	（オ）	（カ）

問二　傍線部問二「かくれたまへる」の文法的説明として最も適当なものを、次の①〜⑤から一つ選べ。（２点）

①「隠る」の已然形＋尊敬の補助動詞「たまふ」の連用形＋完了の助動詞「り」の連体形。
②「隠る」の已然形＋謙譲の補助動詞「たまふ」の未然形＋完了の助動詞「り」の連体形。
③「隠る」の連用形＋尊敬の補助動詞「たまふ」の連用形＋完了の助動詞「り」の連用形。
④「隠る」の連用形＋謙譲の補助動詞「たまふ」の連用形＋完了の助動詞「り」の連体形。
⑤「隠る」の連用形＋尊敬の補助動詞「たまふ」の已然形＋完了の助動詞「り」の連体形。

問三　傍線部問三「べから」（「べし」）と同じ用法のものを、次の①〜⑤から一つ選べ。（２点）

①　人の歌の返し、疾くすべきを。
②　男、わづらひて、心地死ぬべくおぼえければ。
③　家の作りやうは、夏をむねとすべし。
④　その山、見るに、さらに登るべきやうなし。
⑤　この一矢に定むべしと思へ。

問四　傍線部問四「いくそばくぞ」のあとに省略されている語句は何か。最も適当なものを、次の①～⑤から一つ選べ。（2点）

①　あらぬ　②　あらね　③　あらむ　④　あらめ　⑤　あらず

問五　傍線部問五「寄居虫は小さき貝を好む。……人をおそるるがゆゑなり」とあるが、このような表現法を何というのか。最も適当なものを、次の①～⑤から一つ選べ。（3点）

①　直喩　②　隠喩　③　誇張法　④　擬人法　⑤　対句

問六　傍線部問六「誰をか」とあるが、「か」は何を表すのか。最も適当なものを、次の①～⑤から一つ選べ。（2点）

①　疑問　②　反語　③　詠嘆　④　強意　⑤　希望

問七　傍線部問七「それ」の文法的説明として、最も適当なものを、次の①〜⑤から一つ選べ。（2点）

① やや離れた事物・人物などを指していう。
② 前に述べた事物・人物などを指していう。
③ 不明の事物や明示したくない事物を指していう。
④ ほとんど内容がなく感動詞的に用いて強調に用いられる。
⑤ 改まった感じで新しい事柄を言い出す語である。

問八　傍線部問八「わが身を奴婢とする」とあるが、どういうことか。最も適当なものを、次の①〜⑤から一つ選べ。（3点）

① 自ら進んで人の奴隷となって生きること。
② 自らに苛酷な労働を課して生きること。
③ 何事も人に頼らずに自分自身で行うこと。
④ 自分の身分を偽って奉公人として働くこと。
⑤ へりくだって決して人の上に立たないこと。

9

問九　傍線部問九「たゆからずしもあらねど」とあるが、その口語訳として最も適当なものを、次の①～⑤から一つ選べ。(3点)

① だるくて面倒でないこともないが。
② 苦労ばかりが増えるわけではないが。
③ 懸命に努力を重ねれば重ねるほど。
④ うまずたゆまず努力を重ねているが。
⑤ 決して楽しいことばかりではないが。

問十　本文の内容に合致しないものを、次の①～⑤から一つ選べ。(5点)

① 自分がこの山中に住むようになってから五年になるが、その間にも都では多くの人々が亡くなっている。
② やどかりは身の程をわきまえているので小さな貝を好み、みさごは人間を恐れて荒磯に生息している。
③ 自分は自らを知り、世間を知っているので、欲張らず焦らず、やどかりやみさごのように暮らしている。
④ このような世の中にあって最も大切なのは友であり、友人と共に楽しく生きることこそが肝要である。
⑤ なすべきことは人に頼らずに自分で行ったほうがよい、そうすれば人に気を遣わずに済むからである。

9

10 随筆

近畿大学　折(おり)たく柴(しば)の記(き)

学習テーマ▼ 今回は自叙伝を扱います。作者自身が体験した出来事やそれに対する感想を述べています。日記と随筆の性質を併せ持った文章で、主語である「私」は省略されています。作者自身がどこで登場するのかに留意しながら読み進め、作者の思いを読み取りましょう。

目標解答時間　30分

本冊（解答・解説）p.120

◆次の文章を読んで、後の問に答えよ。

むかし人は、アいふべき事あればうちいひて、その余はみだりにものいはず、いふべき事をも、いかにもことば多からで、其(その)［1］たりけり。我父母にてありし人々もかくぞおはしける。父にておはせし①人のその年七十五になり給ひし時に、※傷寒をうれへて、事きれ給ひなんとするに、医の来りて※独参湯(どくじんたう)をなむすゝむべしといふ也。よのつねに人にいましめ給ひしは、「年わかき人はいかにもありなむ。イよはひかたぶきし身の、いのちの限りある事をもしらで、薬のためにいきぐるしきさまして終りぬるはわろし。あひかまへて心せよ」とのたまひしかば、此事(このこと)いかにやあらむとⓐいふ人ありしかど、疾喘(しつぜん)の急なるが、見まゐらするもこゝろぐるしといふほどに、※生薑汁(しやうがじる)にあはせてⓑすゝめしに、それよりいき出で給ひて、つひに其病癒(い)え給ひたりけり。後に母にてありし人の、「いかに、此程は人にそむきふし給ふのみにて、また物のたまふ事もなかりし」ととひ申されしに、「されば、頭のいたむ事殊(こと)に甚(はなは)だしく、ウ我いまだ人にくるしげなる色みえし事もなかりしに、日比(ひごろ)にⓒかはれる事もありⒶなむには、②しかるべからず。又エ世の人熱にをかされて、ことばのあやまち多かるを見るにも、③しかじ、いふ事なからむにはと思ひしかば、さてこそありつれ」と答へ給ひき。これらの事にて、④よのつねの事ども、おもひはかるべし。⑤かくおはせしかば、あはれ、問ひまゐらせばやとⓓおもふ事も、いひ出でがたくして、うちすぐる程に、うせ給ひしかば、さてやみぬる事のみぞ多かる。⑥よのつねの事共（ども）は、さてもやあるべき。※おやおほぢの御事、詳（つまびらか）ならざりし事こそくやしけれど、今はとふべき人とてもなし。

（『折たく柴の記』による）

注
傷寒――激しい熱病。今でいうチフスの類に相当。
独参湯――煎じ薬の名。きつけに効くといわれる妙薬。
生薑汁――しょうがのしぼり汁。
おやおほぢ――父親と祖父。

問一 空欄 1 に入るものとして、最も適切なものを次の中から選べ。（2点）

1 他はいひ　2 善悪を知り　3 初心を案じ　4 義を尽し

□

問二 傍線部①と同一人物が主語（動作主）であるものを、二重傍線部ⓐ～ⓓの中から選べ。（2点）

1 ⓐ　2 ⓑ　3 ⓒ　4 ⓓ

□

10

問三　波線部Ⓐと同じ用法の「なむ」として、最も適切なものを次の中から選べ。（2点）

1　うぐひすは植ゑ木の木の間を鳴き渡らなむ
2　かの草をもみてつけぬれば、すなはち癒ゆとなむ
3　容貌もかぎりなくよく、髪もいみじく長くなりなむ
4　わびぬれば身を浮き草の根を絶えて誘ふ水あらばいなむとぞ思ふ

問四　傍線部②はどのようなことか。最も適切なものを次の中から選べ。（4点）

1　この数日で病状が悪い方向に進んでしまうと、これまでと違った苦しい様子を人に見せるかもしれない
2　これまで頭が痛むことはあっても苦しくはなかったが、今回は命が絶えることもあるかもしれない
3　これまでの病気では出なかったような高熱でうなされて、ばかげたことを口走ってしまうかもしれない
4　これまで薬を服用せずとも病気は癒えていたが、状態が急変して薬を服用することになるかもしれない

問五　傍線部③の説明として、最も適切なものを次の中から選べ。（4点）

1　何も言わないに越したことはない

2　何か言うときには細心の注意を払うべきだ
3　言わないのは卑怯だがしかたがない
4　言うべきときには伏線を敷かないほうがよい

問六　傍線部④と⑥が指す内容の組み合わせとして、最も適切なものを次の中から選べ。（4点）

1　④　日ごろの父の病状　⑥　世間一般のこと
2　④　日ごろの父の態度　⑥　世間一般のこと
3　④　世間一般のこと　⑥　日ごろの父の態度
4　④　世間一般のこと　⑥　日ごろの父の病状

問七　傍線部⑤が指す内容として、最も適切なものを次の中から選べ。（4点）

1　ア　いふべき事あればうちいひて、その余はみだりにものいはず
2　イ　よはひかたぶきし身の、いのちの限りある事をもしらで
3　ウ　我いまだ人にくるしげなる色みえし事もなかりし
4　エ　世の人熱にをかされて、ことばのあやまち多かる

10

問八　本文と内容の合致するものはどれか。最も適切なものを次の中から選べ。（6点）

1　昔の人はあまり多く語らないことを美徳としており、父親もまたそれに従って寡黙な人であった

2　作者の父は口数が少ない人であったため、作者の母は父になぜ話さないのか普段から質問していた

3　父親は七十五歳のときに熱病におかされたが、医者がすすめる薬を断って一時は重体に陥っていた

4　若い人は病にかかったら効き目のある薬をすぐに飲んだ方がよいが、老人は効きすぎるのでよくない

問九　この文章の作者を次の中から選べ。（2点）

1　鴨長明　　2　新井白石　　3　荻生徂徠　　4　契沖

30点

11
評論

駒澤大学
俊頼髄脳(としよりずいのう)

学習テーマ▼ 今回は平安時代の歌論を扱います。歌論は、歌に対する筆者の考え方や、歌の良し悪(あ)し、歌人への評価などを、具体例や根拠を示して論じたものです。本文で例示されているエピソードの趣旨を意識しながら読み進め、筆者の主張を正しく読み取りましょう。

目標解答時間　30分

本冊(解答・解説)　p.130

◆次の文章を読んで、後の問に答えよ。

歌の、八の病の中に、後悔の病といふやまひあり。歌、すみやかに詠み出(い)だして、人にも語り、書きても出だして、のちに、よきことば、節(ふし)を思ひよりて、(1)かくいはでなど思ひて、悔いねたがるをいふなり。さればなほ、歌を詠ま[a]むには、急ぐまじきがよきなり。いまだ、昔より、とく詠めるにかしこきことなし。されば、(2)貫之などは、歌ひとつを、十日二十日などにこそ詠みけれ。しかはあれど、折にしたがひ、事にぞよるべき。

*大江山生野の里の遠ければ文(ふみ)もまだ見ず天の橋立

これは、小式部内侍(こしきぶのないし)といへる人の歌なり。事の起りは、小式部内侍は、和泉式部が娘なり、親の式部が、*保昌(やすまさ)が妻にて丹後に下りたりけるほどに、都に、歌合(うたあはせ)のありけるに、小式部内侍、歌詠みにとられて詠みけるほど、四条中納言定頼(さだより)といへるは、四条大納言公任(きむたふ)の子なり、その人の、たはぶれて、小式部内侍のありけるに、「丹後へ遣はしけ[b]む人は、帰りまうで来にけむや。いかに(3)心もとなく思(おぼ)すら[c]む」と、(4)ねたがらせむと申しかけて、立ちければ、内侍、御簾（みす）より半（なか）ら出でて、わづかに、直衣（なほし）の袖をひかへて、この歌を詠みかけければ、(5)いかにかかるやうはあるとて、つい居て、この歌の返しせむ[d]とて、しばしは思ひけれど、(6)え思ひ得ざりければ、引き張り逃げにけり。これを思へば、心とく詠めるもめでたし。

*いにしへの家の風こそ嬉（うれ）しけれかかることの葉散り来と思へば

後冷泉院の御時に、十月ばかりに、月のおもしろかりけるに、女房たちあまた具して、南殿に出でさせおはしまして、遊ばせたまひけるに、楓（かへで）の紅葉を折らせたまひて、女房の中に伊勢大輔（いせのたいふ）が孫のありけるに、投げつかはして、「この中には、おのれぞせむ[e]」とて仰せられければ、ほどもなく申しける歌なり。これを聞こしめして、「(7)歌がらはさるものにて、とさこそおそろしけれ」とぞ仰せられける。されば、なほなほ、少々の節はおくれたりとも、とく詠むべしともおぼゆ。おそく詠みて、よき例（ためし）は、申し尽くすべからず。

（『俊頼髄脳』による）

注
大江山 —— 京の北西にある山で、丹後国に行く途中にある。
保昌 —— 藤原保昌。和泉式部の夫。
いにしへの… —— 「有名な歌人の家の伝統こそ嬉しいことである。このようなありがたいお言葉（紅葉の葉）を私に寄せられると思うと」という意味。

問一　傍線(1)「かくいはでなど思ひて」の意味内容として、最も適当なものを、次のア～オの中から選べ。（4点）

ア　こう詠まなくて残念だったと思って
イ　こんなことは詠まないでほしかったと思って
ウ　こう詠んだのも仕方がなかったと思って
エ　こんなことは詠みたくなかったと思って
オ　こう詠まなくてよかったと思って

問二　傍線(2)「貫之」とあるが、この人物が著した文学作品を、次のア～オの中から一つ選べ。（4点）

ア　十六夜日記　イ　土佐日記
ウ　更級日記　エ　讃岐典侍日記
オ　蜻蛉日記

問三　傍線(3)「心もとなく」の意味として、最も適当なものを、次のア～オの中から選べ。（2点）

ア　気がかりに　イ　頼もしく
ウ　残念に　エ　恋しく

オ　意外に

問四　傍線(4)「ねたがらせむ」の中の「む」と、文法的意味・活用形が同じものを、本文中の二重傍線a～eの中から一つ選べ。（2点）

a　詠まむ　　b　遣はしけむ　　c　思すらむ　　d　返しせむ　　e　おのれぞせむ

問五　傍線(5)「いかにかかるやうはある」とあるが、(A)誰の、(B)どのような気持ち、が表われたものか。最も適当なものを、次のそれぞれのア～オの中から選べ。（(A)2点、(B)4点）

(A)　誰の
- ア　小式部内侍の
- イ　和泉式部の
- ウ　保昌の
- エ　定頼の
- オ　公任の

(B) どのような気持ち

ア こっそり独り言を言ったのに、どうしてすぐにこれほどの気の利いた歌を詠めたのだろう、という気持ち

イ 相手に好意を寄せて言葉をかけたのに、どうして怒らせてしまったのだろう、という気持ち

ウ いじわるな言葉をかけたのに、どうしてすぐにこれほどすぐれた歌を詠めたのだろう、という気持ち

エ 両親を思う寂しさを慰めようとしたのに、どうして悲しませてしまったのだろう、という気持ち

オ 自分の本心が知られないような歌を詠んだのに、どうしてすぐに歌を返してきたのだろう、という気持ち

(A)
(B)

問六 傍線(6)「え思ひ得ざりければ」を現代語訳せよ。(6点)

問七　傍線(7)「歌がらはさるものにて、とさこそおそろしけれ」の意味内容として、最も適当なものを、次のア〜オの中から選べ。(6点)

ア　歌の題材はいい加減なものであったが、それにしてもこんなに早く歌を作ってしまうとは不気味だなあ

イ　歌詠みとしての態度はよくはないが、上品で繊細な歌を作ったことは褒めてやらなければならないなあ

ウ　歌の技術はとてもすばらしいが、私の目の前で気後れしないで歌を詠んだのにはあきれるなあ

エ　歌詠みとしての感性はすぐれていると思っていたが、とても平凡な歌を作ったのには驚いたなあ

オ　歌の品格はなかなかのものであるが、何と言ってもすばやく歌を作る能力はたいしたものだなあ

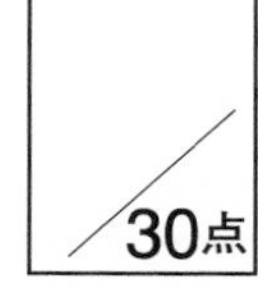

11

12 評論

日本大学　毎月抄（まいげつしょう）

学習テーマ▼ 今回は鎌倉時代の歌論を扱います。歌の本質とは何かを、二つの言葉を手がかりに論じています。歌論独特の抽象的な言葉や見慣れない言葉が出てきますが、その意味を文意からくみ取り、本文に示された例示や対比に注意して筆者の主張を正しく読み取りましょう。

目標解答時間　30分

本冊（解答・解説）p.140

◆次の問題を読み、後の問に答えよ。

また、歌の大事は、a詞の用捨にてはべるべし。詞につきて強弱大小候ふべし。それをよくよく見したためて、強き詞をば一向（いつかう）にこれを続け、弱き詞をばまた一向にこれをつらね、かくのごとく案じ返し案じ返し、太み細みもなく、bなびらかに聞きにくからぬやうによみなすが、極めて重事（ちようじ）にてはべるなり。申さば、すべて詞にあしきもなくよろしきもあるべからず。ただ続けがらにて歌詞の勝劣はべるべし。幽玄の詞にア鬼拉（きらつ）の詞などをつらねたらむは、いと見苦しからむにこそ。されば、「心を本（もと）として詞を取捨せよ。」とイ亡父卿（きやう）も申し置きはべりし。

ある人、花実（くわじつ）のことを歌にたて申してはべるにとりて、「いにしへの歌はみな実（み）を存して花を忘れ、近代の歌は花をのみ心にかけて実には目もかけぬから。」と申しためり。もつともさとおぼえはべるうへ、古今序にもその意はべるやらむ。さるにつきて、なほこの下の了簡（れうけん）、c愚推をわづかにめぐらし見はべれば、心得（う）べきことはべるにや。いはゆる実と申すは心、花と申すは詞なり。必ず、いにしへの詞強く聞こゆるを、実と申すとは定めがたかるべし。古人の詠作にも、心なからむ歌をば実なき歌とぞ申すべき。今の人のよめらむにも、うるはしく正しからむをば実ある歌とぞ申しはべるべく候ふ。

さて、「心を先にせよ。」と教ふれば、「詞を次にせよ。」と申すに似たり。「d詞をこそ詮（せん）とすべけれ。」と言はば、また「心はなくとも。」と言ふにてはべり。所詮、心と詞とを兼ねたらむを、よき歌と申すべし。心・詞の二つは、鳥の左右の翼のごとくなるべきにこそとぞ思うたまへはべりける。ただし、心・詞の二つを共に兼ねたらむは言ふに及ばず、心の欠けたらむよりは、e詞のつたなきにこそはべらめ。

（藤原定家『毎月抄』）

問一　傍線部a～eの解釈として文脈上最も適切なものはどれか。次の①～④からそれぞれ一つずつ選びなさい。（各3点）

a
① 詞の取捨選択でございましょう
② 詞の用い方捨て方でしょうか
③ 詞をどう活用するかでありましょう
④ 詞のはたらき方だけではございません

b
①のびのびと多少聞きにくくとも
②同じように耳で聞いて快く
③しなやかに聞きにくくないように
④太み細みともに並んで聞こえるように

c
①愚か者の考えで勝手に思ってしまうと
②私の推測を少しはたらかせてみますと
③浅はかな提案ですがいろいろ考え合わせると
④自分の愚かな考えを入れずに考えますと

d
①詞をこそ心を表現する眼目とするのは当然だろう
②詞というものを第一に考えるべきでないだろう
③詞を扱うことこそ仕方がないだろう
④詞をこそまず眼目とするべきだろう

e
①詞を次に見ているのは心外である
②詞の拙（つたな）い歌は全く問題にならない
③詞のよくない歌はどうでしょうか
④詞の拙い歌のほうがよいでしょう

a
b
c
d
e

問二　傍線部ア「鬼拉の詞」とはここではどういう意味か。次の①～④から一つ選びなさい。（3点）

①　悪鬼を払う言葉　②　たいへん強い言葉　③　才気ばしった言葉　④　繊細・優美な言葉

問三　二重傍線部「詞」と一対になる言葉はどれか。最も適切なものを次の①～④から一つ選びなさい。（3点）

①　辞　②　実　③　心　④　花

問四　傍線部イ「亡父」とあるのは誰か。次の①～④から一つ選びなさい。（3点）

①　藤原俊成　②　藤原清輔　③　藤原家隆　④　藤原顕昭

12

問五　問題文の主旨に最も近いものはどれか。次の①～④から一つ選びなさい。（6点）

① 歌においては、詞の使い方が最優先されるため、何度も何度も案じ返し詠むのが重要であろう。

② 歌には、心も詞も等しく大事ではあるが、どちらをとるかといえば、心ということになるであろう。

③ 歌というものは、心はともかく詞の続けがらのよしあしによって勝劣は決まってしまうものと心得よ。

④ 昔の歌は、実を重んじ花を忘れ、近代の歌は花ばかり追いかけて、実には目もかけないので劣る。

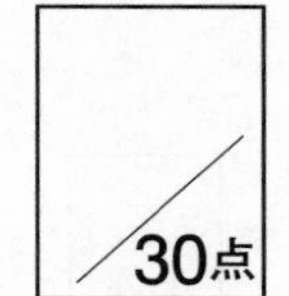

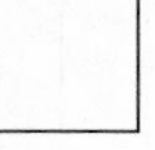

大学入試 全レベル問題集

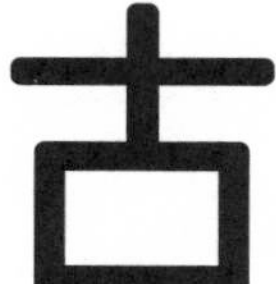

伊藤紫野富 著

3 私大標準レベル

改訂版

はじめに

皆さんはなぜ古文を学ぶのでしょうか。多くの人は受験のためと答えるでしょう。英語ほどの配点がないにしても、古文が受験に必要不可欠な科目であることは間違いありません。しかし、英語の学習がその後の人生で大いに役立つのに比べると、古文の学習の実用性はほとんどないように見えます。また、英語や現代文では、世界平和や地球環境、市場経済のグローバル化などのテーマが扱われることがありますが、古文は、文字どおり「古い文」ですから、そのような現代的なテーマは一つも扱いません。しかし、そこにこそ古文の味わい深さがあると言えます。古文に描かれているのは、〝人の営み〟です。生きることの意味や愛することの苦悩、芸術への熱情など、時の流れにとらわれない普遍のテーマを投げかけてくれる、激変する世の中で生きる私たちに不変の確かなものを示してくれる、それが古文です。

この問題集は、言うまでもなく、受験生の一助になってほしいという目的で書きましたが、それだけでなく古文の面白さを知ってもらいたいという願いもあって、文章を厳選しました。得点アップは、もちろん狙ってください。この問題集は必ず応えてくれるはずです。でもそれだけではもったいないです。古文の真髄に少しでも触れて、それを心にとどめていただきたいと思います。それはいつかきっと皆さんの心の糧となってくれることでしょう。

伊藤 紫野富

伊藤 紫野富（いとう しのぶ）
元代々木ゼミナール講師。長年、受験生や高校生を指導し、東大京大から早慶、共通テスト対策まで幅広く担当。
『全国大学入試問題正解国語』（旺文社）解答者。著書に『ビルドアップノート古典文法基本ドリル』（三省堂）などがある。

目次

この問題集の構成と使い方

本書は、別冊に問題を、本冊に解答と解説を掲載しています。

別冊（問題）掲載内容

古文ジャンル解説…巻頭に古文の五ジャンルの特徴と読解ポイントを示した解説を掲載しています。それぞれのジャンルの特徴を理解して古文本文を読みましょう。

学習テーマ…各講のはじめに学習テーマを設けています。テーマを意識して問題に取り組みましょう。

問題…目標解答時間を示していますので、時間をはかって解いてみましょう。

本冊（解答・解説）掲載内容

作品解説…掲載作品の文学史に関する知識をまとめています。

合格点…〈予想される平均点＋一問分〉として示しています。

問題文の概要…「あらすじ」と要旨をまとめた「内容解説」を掲載しています。

設問解説

- 読解ルール…どの問題にも適用できる、読解に役立つルールを示しています。
- 着眼点…設問を解く際に着眼すべきポイントを示しています。
- □…単語・文法・文学史などの重要事項をまとめています。
- □…重要な箇所を品詞分解・訳出しています。

【品詞の略称】

動→動詞　補動→補助動詞　形→形容詞
形動→形容動詞　名→名詞　代名→代名詞　副→副詞
連体→連体詞　感→感動詞　助動→助動詞　格助→格助詞
係助→係助詞　副助→副助詞　接助→接続助詞
終助→終助詞　接尾→接尾語

- 関連メモ…設問内容から一歩踏み込んだ、知っておくと役立つ知識をまとめています。
- 難…高度な読解力や分析力を要する問題に示しています。

現代語訳

別冊の古文本文を再掲載し、その右側には重要文法事項を、左側には現代語訳を、さらに下段には重要語句を掲載しています。

●重要文法事項…設問で問われやすい語に次の情報を示しています。

・助動詞…意味・活用形

例 現在推量の助動詞「らむ」の終止形 → 現在推量・終

・助詞…意味

例 格助詞「が」の連体格 → 連体格

・係り結び・疑問の副詞と文末の連体形は次のように示した。

例 ぞ 強意(↓) みゆる 下二動・体(↑) ／ いかで 反語(↓) む 推量・体(↑)

＊結びの省略は(↓省)。結びの流れ(消滅)は(↑流)。

【活用形の略称】

未→未然形　用→連用形　終→終止形　体→連体形

已→已然形　命→命令形　(撥無)→撥音便無表記

●重要語句…問題文に登場した語の中から、入試頻出の語をまとめました。覚えたら上の□にチェックしましょう。

志望校と「全レベル問題集　古文」シリーズのレベル対応表

シリーズラインナップ	各レベルの該当大学　※掲載の大学名は購入していただく際の目安です。
① 基礎レベル	高校基礎～大学受験準備
② センター試験レベル	センター試験
③ 私大標準レベル	日本大学・東洋大学・駒澤大学・専修大学・京都産業大学・近畿大学・甲南大学・龍谷大学・成蹊大学・成城大学・明治学院大学・國學院大學・聖心女子大学・日本女子大学・中京大学・名城大学・京都女子大学　他
④ 私大上位・私大最難関・国公立大レベル	[私立大学] 早稲田大学・上智大学・明治大学・青山学院大学・立教大学・中央大学・法政大学・学習院大学・東京女子大学・南山大学・同志社大学・関西学院大学・立命館大学・関西大学・福岡大学・西南学院大学　他 [国公立大学] 東京大学・京都大学・北海道大学・東北大学・名古屋大学・大阪大学・九州大学　他

学習アドバイスと志望大学別出題分析（2023年現在）

傾向

古文の分量 ……どの大学も中程度（およそ五百字～千字）です。特に長い文章が出題されることはありません。

古文の難易度 …概ねわかりやすい文章が出題されていますが、一部の大学でやや読みにくい文章が出題されることもあります。

設問形式 ………ほとんどの大学が選択肢方式ですが、一部の大学（学部）では現代語訳や抜き出し問題などが記述式で出題されます。

設問内容 ………どの大学も基本的には、文法、現代語訳、解釈、内容説明、内容合致、文学史などを軸とした総合的な内容です。大学によっては、和歌の修辞などの設問も出題されます。選択肢の作り方も比較的素直で、ひねりの少ない内容になっています。

対策

まず、古文単語は350語ぐらいを目安に覚えましょう。次に、古典文法をしっかり学習してください。動詞や形容詞、係り結びなどの基本から識別や敬語に至るまで、しっかり学習して使いこなせるようにしましょう。そのうえで、主体判定などを含めた読解力を身につけます。さまざまな形式の設問に触れて、解き方の手順を身につけておきましょう。文学史や和歌の修辞についても基本的な知識は身につけておきたいところです。難解な文章を読んだりする必要はありませんので、比較的読みやすい文章にたくさん触れて、古文の苦手意識をなくすことが大切です。

大学名	古文の分量	古文の難易度	設問形式	設問内容
日本大学	中程度	標準	選択肢方式	文法、解釈、内容説明、文学史など
駒澤大学	中程度	標準	ほとんどが選択肢方式 一部記述式（現代語訳など）	語句の意味、文法、内容説明、内容合致など
専修大学	中程度	やや難	選択肢方式	文法、語句の意味、主体判定、内容合致、文学史など
名城大学	中程度	標準	選択肢方式	基本的な文法、語句の意味、解釈、内容合致など
中京大学	中程度	やや難	選択肢方式と記述式 （抜き出し、主語など）	文法、解釈、内容合致など
京都産業大学	中程度	やや難	選択肢方式	文法、主体判定、現代語訳、心情説明、文学史など
近畿大学	中程度	やや難	選択肢方式	文法、現代語訳、心情説明など
甲南大学	中程度	標準	ほとんどが選択肢方式 一部記述式 （抜き出しや現代語訳など）	主体判定、文法、語句の意味、解釈など
龍谷大学	中程度	標準	選択肢方式	文法、解釈、内容説明、文学史など

読解ルール解説

古文を読解する際には、「と・て・ば・ど・を・に」等の助詞に着眼しましょう。これらの助詞は、**語句の関係を示し、文の構造を理解する**のに役立ちます。また、**設問の傍線部の多くは、これらの助詞の前後にある**ので、助詞に着眼すると正解を導くヒントが得られます。

「全レベル問題集 古文」シリーズでは、こうした助詞に関する重要ポイントを**読解ルール**として取り上げています。ここでは、**読解ルール**を大きく二つに分けて解説します。

助詞に着眼して、文の構造を理解し、読解に活用しましょう！

語句の関係を示す「と・て・ば・ど」の読解ルール

読解ルール　「と（とて）」「て」は同じことの言い換えを表す！

「と（とて）」は引用を表す格助詞。「て」は接続助詞です。

例「いかに」と問ふ。

（「なぜ」と尋ねる。）

「と」は、同じ事柄を別の表現にする**言い換え**を表します。例文は、「と」をはさんで、前の「いかに」が後の「問ふ」の内容を表しており、「いかに」＝問い、と理解できます。

例 悲しくて泣く。

（悲しくて泣く。）

「て」も**言い換え**を表します。例文は、「て」をはさんで、前の「悲し」という気持ちを後の「泣く」という行為で表現しており、「悲し」＝「泣く」と単純化して捉えることができます。文章を単純化して読むことは、速読にも役立ちます。

読解ルール　「ば」の前に理由あり！

「ば」は順接の接続助詞です。

例 悲しければ泣く。

（悲しいので泣く。）

「ば」は**原因・理由**を表します。例文では、「ば」をはさんで前の「悲し」（原因・理由）→後の「泣く」（結果）という関係だと理解できます。

読解ルール **「ど（ども）」は前後が対比関係にあることを表す！**

「ど（ども）」は、逆接の接続助詞です。

例 悲しけれど笑ふ。
（悲しいけれど笑う。）

「悲し」＝「泣く」（笑わない）ということを前提として、「ど」をはさんで、前の「悲し」と後の「笑ふ」とが**対比関係**になっています。

これらの読解ルールで、助詞「と（とて）・て・ば・ど（ども）」に着眼すると、助詞の前後の語句の関係を捉えやすくなります。「と（とて）・て・ば・ど（ども）」を見逃さずにチェックして、文の構造を理解し、文脈を正しく把握して読解を進めましょう。

主語判定に役立つ「を・に」の読解ルール

読解ルール **「を」「に」に着目して、文の構造を捉えよ！**

古文では主語が省略され、また述語が主語から離れたところにあることが多いので、文意を正しく理解するのが困難ですが、英語や漢文のように、文の構造を捉えるとわかりやすくなります。その着眼点となるのが、格助詞の「を」と「に」です。

～が	～する	～を	～に
主語（S）	**述語（V）**	**目的語（O）**	**補語（C）**

目的語と補語を厳密に区別するのは難しいので、簡単に「～を」で表されるものを「目的語」（O）、「～に」で表されるものを「補語」（C）とします。現代語と同じで**「を」は省略されること**があります。

また、動作の主体を「主語」（S）、動作を表す動詞を「述語」（V）と捉えます。

次の例文で見てみましょう。

例 大和に住みける女に男文をやりけり。

（大和に住んでいた女に男が手紙を送った。）

C₁ V₁ S₁				
大和に住みける女に	男	文を	やりけり。
C₂	S₂	O₂	V₂

このような単純な文においては、ＳＶＯＣは簡単にわかりますが、あえて「を」と「に」に着眼して文の構造を見てみましょう。

まず、述語（V_1）「住み」に注目します。「住み」の上の「に」に着眼すると、「大和に」が補語（C_1）で、「住み」の動作主体である主語（S_1）は「女」と確認できます。

次に、述語（V_2）「やり」に注目します。「やり」の上の「を」に着眼すると、「文を」が目的語（O_2）だと確認できます。動作主体である主語（S_2）は「男」です。また、その上にある「に」に着眼すると「大和に住みける女に」が補語（C_2）だとわかります。

目的語（Ｏ）を示す「を」が省略されている場合も、同じように文の構造を捉えることができます。

このように、「を・に」に着眼することで、ＳＶＯＣの文の構造を把握できます。例のように単純な文でなくても、**「を・に」に着眼して目的語（Ｏ）・補語（Ｃ）を確認しながら文脈をたどると、省略されている主語（Ｓ）が見えてきます。**「を・に」をチェックして、文意の正確な理解に役立てましょう。

例外

※「に」が貴人を表す語に付く場合、「に」は主語を示すことがあります。

例 御前にも笑はせたまふ。

（中宮様におかれてもお笑いになる。）

※「を」が形容詞の語幹（＋み）の前に付く場合、「を」は格助詞でなく、間投助詞です。目的語を示しているのではないので注意しましょう。

例 山を高み

（山が高いので）

＊「～を…み」で「～が…なので」の意。

この他の主語判定の読解ルール

「を・に」に着眼する以外にも、主語判定に役立つ読解ルールがあります。「全レベル問題集 古文」シリーズでは、次のような読解ルールを取り上げています。

「て」「して」は主語を継続させる！

「て」は単純接続の接続助詞です。同じ人物の行為が連続する場合、「て」によってつながっています。よって、その行為（動詞）のどれかの主語がわかれば、他の行為の主語も同じであると判断できます。（ただし、例外もまれにあるので要注意です。）

主語の判定は敬語に着目せよ！

登場人物に身分の差がある場合は、敬語の使われ方によって、その敬語が用いられた行為の主体や客体を判断できることがあります。また、**会話文では、自分には尊敬語は用いず、相手に敬意を表すために敬語を用いる**ことが多く、それによって、省略された主語を判断できます。

主人公の主語は省略される！

日記文において一人称（私）の主語は省略される！

主語が省略されているということは、明記しなくてもわかる人物が主語だということです。つまり、主語が省略されている場合には、多くは、その文章における主要な人物（主人公）が主語であると判断できます。

ジャンル別　省略されることがある主語

説話……主人公

物語……主人公（あるいは、その場面の主要人物）

日記……私（日記の主人公は筆者）

本文初出の動詞の主語は、リード文の主語と一致する！

長い物語などの一部が切り取られて問題文本文となっているときは、リード文で主要な人物の状況や行動が説明されます。そのため、本文の最初の主語は、リード文で説明された人物と一致します。

1 説話

甲南大学
古今著聞集（ここんちょもんじゅう）

作品解説■ 13世紀（鎌倉時代中期）に成立した世俗説話集。橘成季（たちばなのなりすえ）撰。事実に基づいた古今の説話を載せる。二十巻七百二十六話を、神祇（じんぎ）・文学・和歌などの三十編に分類し、年代順に配列する。内容や配列の仕方から、平安時代への憧れが感じられる。

別冊（問題） p. 6

解答

問一	問二	問三	問四	問五	問六	問七	問八
b	3	4	2	お起こし申し上げて	2	a 4 / b 1 / c 1 / d 1 / e 5 / f 5 / g 1 / h 2	侍れ
2点	3点	3点	3点	4点	5点	1点×8	2点

合格点 22／30点

問題文の概要

あらすじ● 小大進（こだいしん）という歌人は鳥羽法皇（とばほうおう）に仕えていたが、鳥羽法皇の妃であった待賢門院（たいけんもんいん）の御所で着物が紛失した罪を着せられたために北野天満宮に閉じ籠もった。そこで、北野天満宮の神である菅原道真（すがわらのみちざね）に、自分の無実を訴える歌を詠むと、神が法皇の夢に現れて、小大進の詠んだ歌のありかを教え、それを見た法皇によって無実が証明された。霊験あらたかな神が歌に感応して、真犯人もわかった。

内容解説● 無実の罪を着せられた主人公が、優れた歌を詠んだことによって、北野天満宮の神の心を動かし、無実であることが証明されました。『古今和歌集（こきんわかしゅう）』の仮名序にあるように、歌が神の心を動かし、その結果利益を得るという典型的な歌徳説話です。

設問解説

問一 文法（「なる」「なり」の識別）

●「なる」「なり」の識別●

1 **四段活用動詞「なる」** →**変化を表す**

○○に
○○と
――く（形容詞の連用形）
○○ず（打消の助動詞）
} ＋「なる」 訳 なる

2 **断定の助動詞「なり」** →**眼前の事実を表す**

体言・連体形など ＋「なり」 訳 ～である

3 **伝聞・推定の助動詞「なり」** →**耳で得た情報を表す**

終止形（ラ変型は連体形）＋「なり」

訳 ～だそうだ・～ようだ

4 **形容動詞の活用語尾** →**状態や様子を表す**

――やか
――らか
――か
――げ
} ＋「なり」 ＊全体で一語の形容動詞

識別情報に従って、二重傍線部を順に見ていきましょう。

二重傍線部a 直前の「これ」が名詞（体言）なので、「なり」は断定の助動詞です。

二重傍線部b 直前の「に」は格助詞で、「なり」は変化を表すので、四段活用動詞です。

二重傍線部c 直前の「雑仕」は名詞なので、「なり」は断定の助動詞です。

この時点で、aとcが助動詞でbだけが動詞となり、答えを出すことができますが、残りの二重傍線部も確認します。

二重傍線部d 直前の「仁和寺(にんなじ)」は名詞なので、「なる」は助動詞「なり」の連体形です。この「なり」は「断定」を表し、「～である（～という）」の意味です。

よって、**正解はb**となります。

解答 b

問二 解釈

「どのようなことか」という設問は「現代語訳」なのか「内容説明」なのかはっきりしませんが、選択肢を見て判断します。選択肢は傍線部の解釈になっているので、まずは、傍線部1「験(しるし)なくは」を品詞分解して訳します。

験①—**なく**②—**は**③

① 名 効果。ご利益。

② 形「なし」の連用形。存在しない。ない。

③ 係助 順接仮定条件［～ならば］

直訳▼効果がなければ

選択肢を見ると、「なくは」の訳はすべて「なければ」となっているので、この設問は**「験」の意味内容を問うもの**だとわかります。「験」の意味を知っていれば答えは簡単に出ます。

傍線部**1**は、北野天満宮に籠もっている小大進の発言の中にあります。神水をこぼしてしまい、それをとがめ連れ出そうとしている検非違使に三日間の猶予が欲しいと小大進は言います。その「猶予」の間に得ようとしているのが、「験」です。

問三で解説しますが、小大進は着物を盗んだ疑いをかけられていますが無実です。無実を証明してもらおうと、北野天満宮の神に祈って詠んだ歌が6行目の「思ひ出づや」の歌です。**小大進は神に祈ることでそのご利益を得て、無実を証明しようとしている**のです。よって、正解は3「祈ったことへの効果がなければ」となります。

解答 3

関連メモ **仮定条件**

未然形＋接続助詞「ば」↓ 訳 もし～ならば

形容詞の連用形「(し)く」
打消の助動詞「ず」
｝＋係助詞「は」 訳 もし～ならば

仮定条件は、接続助詞「ば」を使って表しますが、形容詞と打消の助動詞「ず」は、係助詞「は」を使います。

問三 語句の意味

ポイントは「名たつ」の意味です。

なき①—**名**②—**たつ**③

① 形「なし」の連体形。存在しない。ない。

② 名 噂（うわさ）。

③ 動【立つ】（名前・噂などが）広まる。評判になる。

※「なき名」＝「身に覚えのない噂」の意味。

※「名たつ」＝「噂になる」の意味。

直訳▼存在しない噂が広まる

「なき名」か「名たつ」のどちらかの意味を知っていれば、答えを出すことができます。「身に覚えのない噂が広まる」と同じ意味になっているのは、選択肢**4**「何の根拠もないところで、自分の名前が人々の噂になる」です。もしどちらも知らないと、小大進の置かれた状況を理解するのにかなりの労力が必要になります。小大進が籠もっている北野天満宮は、リード文にもあるように菅原道真を祭る神社です。**菅原道真は、無実の罪によって太宰府に流され**、失意のうちに亡くなって、その後、神として北野天満宮に祭られました。これを踏まえて、傍線部**2**を含む「思ひ出づや」の和歌の内容を見ましょう。

この和歌は、直前に「小大進」とあるので「小大進」が詠んだものだとわかります。本文1行目「御衣一重失せたりけるを負ひて」は「着物がなくなった罪を受けて」の意味で、**注**に「問拷（＝疑い）」とあるように、「着物を盗んだと疑われた」ということです。罪を疑われて北野天満宮に籠もっている小大進が詠んだ歌ということです。「なき名たつ」を除いて訳すと「（なき名たつ）身はつらかったと、現人神となった昔を思い出してくださいますか」という意味になります。「現人神」は、ここでは北野天満宮の神（＝菅原道真）のことを指します。菅原道真は無実の罪を着せられてつらかったわけですから、**「なき名たつ」は「無実の罪」と同じ意味**になるはずです。「思い出してくださいますか」とは、「思い出してわかってください」の意味です。「同じ境遇にある者ならつらさがわかってもらえるはずだ」という論理が背景にあります。ここまで読んで初めて、**小大進も無実の罪で北野天満宮に籠もっているの**だとわかります。菅原道真の境遇に自分を重ねて、無実の罪を着せられたつらい気持ちを詠んで、お助けくださいと祈っているのです。

解答 4

問四　語句の意味

ポイントは「気高し」と「やむごとなし」の意味です。

> ①よに — ②気高く — ③やむごとなき
>
> ① 副 実に。とりわけ。
> ② 形「気高し」の連用形。高貴である。上品である。
> ③ 形「やむごとなし」の連体形。重大である。尊い。格別である。

選択肢を見ると、「よに」はどれも強調の意味になっているので判断の基準にはなりません。「気高し」の意味から、選択肢を**2**と**3**に絞ることができます。

2　きわめて**上品**で身分の高い

3　実に**気品があって**体つきの良い

「気高く」の意味として**4**の「気位が高く」は迷うかもしれませんが、「気位を高くもつ」の意味になるのは「思ひ上がる」という古語です。「やむごとなし」には「身分が高い」の意味はありますが、「体つきが良い」という意味はありません。よって、

正解は2となります。法皇の夢に現れた「気高くやむごとなき翁」は、北野天満宮の神様、つまり菅原道真です。**解答** 2

問五　現代語訳

まずは現代語訳の手順を確認しましょう。

●現代語訳の手順●

1　品詞分解

2　直訳

3　必要なら手直し——不自然な表現を改める

傍線部4「おどろかし参らせて」を、手順に従って現代語訳しましょう。

①おどろかし ｜ ②参らせ ｜ ③て

①動【驚かす】起こす。

②補動「参らす」の連用形。謙譲［お〜申し上げる］

③接助　単純接続［〜て］

直訳 ▼ お起こし申し上げて（9字）

着眼点　傍線部の前後に根拠あり！

「おどろかす」には「びっくりさせる・起こす」などの意味がありますが、7行目に「法皇の御夢」とあり、8行目に「御枕に立ちて」とあることから、**寝ている法皇を「起こす」**のだと判断できます。この直訳が、指定の十字以内になるので、手直しの必要はありません。字数制限がなければ、主体と客体を補って、「北野の神が法皇をお起こし申し上げて」としたいところです。

解答　**お起こし申し上げて**（9字）

配点　「おどろかし」の意味……………………2点

「参らせて」の意味……………………2点

問六　内容判定　難

めでたし＝「すばらしい。見事だ」の意味の形容詞で、傍線部5は「すばらしいこと」の意味になりますが、選択肢を見ても見当もつかないので、本文から根拠を探します。

まず、和歌までの内容です。**問三**で解説したように、小大進は着物を盗んだ罪を着せられて、願かけのために北野天満宮に籠もり監視されています。そして無実を訴える歌を詠んで、薄様（和紙）に書いて御宝殿に貼り付けます。

その続きです。法皇の夢の中に上品で身分の高い翁が現れ法皇を起こした後、自分は北野天満宮の神だと名乗ります。「北野右近馬場の神」とは、「北野天満宮の神」のことで、つまり

菅原道真が法皇の夢に現れたということです。その後に傍線部**5**「めでたきこと」があるので、傍線部以降を訳してみます。「すばらしいことがございますので、ご使者をいただいて、お見せしましょう」となります。つまり、「すばらしいこと」は、この後**「使者が見に行ったもの」**ということです。法皇が目覚めた後、北面の者に「見て参れ」と命令し、その命令を受けた北面の者が見に行ったのが11行目の「馳せ参りて見るに」です。北面の者が見たのは「泣いている小大進」と、「御宝殿に貼ってある歌」です。**北面の者はその歌の書いてある紙を法皇のもとへ持って戻る**ので、北野の神が法皇に見せたかったのは、「小大進の歌」だったということがわかります。よって、正解は2「御宝殿に美しい紅の薄様が貼ってあること」です。

小大進が詠んだ歌に心を動かされた神が、小大進の無実を法皇に知らせようとしたのです。しかも、着物を盗んだ真犯人「法師と雑仕」も神が示します。14行目「天神のあらたに歌にめでさせ給ひたりける」は「北野天満宮の神（＝天神様）が霊験あらたかに小大進の歌に感応なさった」という意味で、小大進が優れた歌を詠んだことによって、神様を感動させ、無実を証明してもらったという、まさしく歌徳説話らしい結末です。

解答 2

問七　主体の把握

●敬意の方向●

誰から ─ **地の文**＝筆者から。
　　　　 会話文＝会話の話し手から。

誰へ ─ **尊敬語**＝行為の主体へ。
　　　 謙譲語＝行為の客体へ。
　　　 丁寧語＝会話の聞き手や本文の読者へ。

読解ルール　主語の判定は敬語に着目せよ！

主体を把握するポイントは、敬語です。まずは選択肢を見ましょう。主体判定問題の選択肢は、登場人物を教えてくれる重要情報なので、本文を読み始める前に必ず見て確認します。選択肢4「翁」は、**問六**で解説したように、北野天満宮の神（＝菅原道真）のことです。波線部を見ると、敬語の用い方に違いがあるので、そこに着眼して主体判定をします。

波線部a「申し」は「言ふ」の謙譲語、「給ふ」は尊敬の補助動詞です。8行目の「われは」から9行目の「見せ候はむ」までが、北野の神の発言なので、aの主体は4「翁」です。

ちなみに、「申し」は「法皇」への敬意、「給ふ」は神（翁）への敬意を表しています。翁（＝神）が法皇に「申し上げなさる」という意味です。この敬意は後の波線部のヒントになります。

波線部b「おぼしめす」は「思ふ」の尊敬語です。波線部aの「申し給ふ」までが法皇の夢の内容なので、**bの主体は1「法皇」**です。法皇は、夢に現れた神が、すばらしいものを見せようと申し上げなさると「お思いになって」、という意味です。

波線部c「せ給ひ」は「せ」が尊敬の助動詞、「給ひ」は尊敬の補助動詞なので、尊敬＋尊敬で最高敬語になっています。「おどろく」は「目覚める」の意味なので、主体は寝て夢を見ていた1「法皇」です。

波線部d「仰せ」は「命じる」の尊敬語、尊敬語に接続する「られ」も尊敬の意味なので、最高敬語です。「御厩（おんうまや）」から「馳せよ」までが法皇の発言なので、**dの主体は1「法皇」**です。

読解ルール「て」「して」は主語を継続させる！

法皇の発言部分に「 」を補い、まとめると、

> おぼしめして、(b)
> うちおどろかせ給ひて、(c)
> 「天神の……見て参れ」とて、
> 「御厩の……馳せよ」と仰せられければ(d)

となり、波線部bから波線部dまでの一連の行為は接続助詞「て」でつながっていて、主体は「法皇」です。

波線部e「参り」は「行く」の謙譲語です。法皇の「馳せよ」との命令を受けたのは、北面の者なので、**eの主体は5「北面の者」**です。北面の者には尊敬語が使われず、謙譲語が使われていますが、これがヒントです。

波線部f 直前の「これを取りて参る」は「薄様を取って、法皇のところへ参上する」という意味で、波線部fはこの「取って」の主体と同じなので、**fの主体は5「北面の者」**です。（北面の者が）「参上しないうちに」という意味です。

波線部g「おぼしめす」は「思ふ」の尊敬語です。ここは、小大進の無実が証明された後の話です。15行目の「かかる問拷を負ふも……」は、法皇から呼ばれた小大進が、「このような疑いがかかるのも、法皇が私を不心得者とお思いになるからだ」と判断して、法皇のもとへは戻らず、仁和寺に籠もった、という後日談です。よって、**gの主体は1「法皇」**です。後日談に「翁」は登場しないので、尊敬語が使われていることから、主体を「法皇」と判断できます。

この波線部g「おぼしめす」の主体は、選択肢に「待賢門院」

がないので「法皇」だと判断できます。注がありませんが、「待賢門院」は鳥羽法皇の妃です。もし選択肢に「待賢門院」があると、この主体はどちらか判断がつきません。このように、選択肢が判断を助けてくれることもよくあることです。

波線部h 尊敬語も謙譲語も使われていません。波線部gで解説したように、仁和寺に籠もったのは2「小大進」です。

解答 a 4　b 1　c 1　d 1　e 5　f 5　g 1　h 2

問八 文法（係り結び）

●係り結びの法則●

〈係助詞〉　〈結びの語の活用形〉

ぞ・なむ・や・か ―― 連体形

こそ ―― 已然形

係助詞「こそ」は、文末を已然形にします。よって、傍線部6を含む文末の「めでたく尊く侍れ」の「侍れ」が結びの語になります。

「めでさせ給ひたりける」の「ける」は直後に引用の格助詞「と」があるので、「天神のあらたに歌にめでさせ給ひたりける」がカッコの中に入ると判断できます。連体形「ける」になっているのは、係り結びではなく、詠嘆の意味を込めた連体止めです。**カッコの外にある係助詞はカッコの中の語にはかかりません。**

解答 侍れ

関連メモ **『古今和歌集』仮名序**

本文最後の「力をも入れずして」について補足説明をします。これは、『古今和歌集』の「仮名序」にある一節で、紀貫之によって書かれました。仮名序は日本で最初に書かれた歌論です。入試でよく問われる一部を紹介します。

仮名序

やまとうたは、人の心を種として、万の言の葉とぞなれりける。世の中にある人、ことわざ繁きものなれば、心に思ふことを、見るもの聞くものにつけて、言ひ出せるなり。花に鳴く鶯、水に住む蛙の声を聞けば、生きとし生けるもの、いづれか歌をよまざりける。力をも入れずして天地を動かし、目に見えぬ鬼神をもあはれと思はせ、男女の仲をも和らげ、猛き武士の心をも慰むるは歌なり。

現代語訳 和歌は、人の心を種として、（それから）生じて口に出た無数の葉となった（ものである）。この世に暮らしている人々は、公私さまざまの事件に絶えず応接しているので、心に思っていることを、その見たこと聞いたことに託して、言い表しているのである。花間にさえずる鶯、清流に住む蛙の声を聞くと、この世に生を営むものとして、どれが歌を詠まないだろうか（いや、詠まないものはない）。力を入れないで天地の神々の心を動かし、目に見えないたけだけしく恐ろしい神をも感激させ、男女の間をも親しくさせ、勇猛な武士の心さえもなごやかにするのが歌なのである。

仮名序の前半は和歌の定義を述べています。そして、後半は歌の効用を述べています。「歌は力一つ入れないで神々の心を動かすことができる」、これがまさしく本文の主題になります。小大進の詠んだ歌が北野天満宮の神の心を動かし、無実が証明されたという話です。

仮名序は、歌を論じるときの土台のようなものですから、赤で示した部分はしっかり覚えておきましょう。

現代語訳

鳥羽法皇の女房に小大進といふ歌詠みありけるが、待賢門院の御方に御衣一重失せたりけるを**負ひ**て、北野に籠りて祭文書きて**まもら**れ（受身・用）けるに、三日といふに、神水をうちこぼしたりければ、検非違使これに過ぎたる失や（反語（↓））あるべき（推量・体（↑））。出で給へと申しけるを、小大進泣く泣く申すやう、**公の中の私**と申すはこれなり[a]（断定・終）。今三日の暇をたべ。それに**験**[1]なくは、われを**具し**て出で給へと、うち泣きて申しければ、検非

鳥羽法皇に仕える女房に小大進という歌人がいたが、待賢門院の御所で御着物が一着紛失したのを（盗みを）**身に受け**（＝**疑われ**）て、北野天満宮に参籠して祭文（さいもん）を書いて**監視**されていたが、三日目というときに、神水をこぼしてしまったので、検非違使は「これ以上の過失があるだろうか（、いやない）。出ていらっしゃい」と申したのを、小大進が泣きながら申すには、「**公の仕事でもときには私情をはさむ**と申しますのはこのことです。あと三日の猶予をください。それで何の**ご利益**もなければ、私を**連れ**てお出になってください」と、泣いて申し上げたので、検非違使もかわい

重要語句

□おふ【負ふ】①ふさわしい。②身に受ける。③（名に負ふ）名として持つ。

□まもる【守る】①じっと見る。②見守り世話をする。

□おほやけのなかのわたくし【公の中の私】公務に私情をはさむこと。

□しるし【験・徴】①効果。ご利益。②前兆。【印・標】①目じるし。②合図。③墓。

□ぐす【具す】①連れだつ。②連れて行く。③連れ添う。夫婦になる。

違使もあはれにおぼえて、延べたりけるほどに、小大進、
そうに思って、(日を)延ばしたところ、小大進は、

思ひ出づや［疑問］ [2]**なき名**たつ身は**憂かり**きと**現人神**に [b]なりし［過去・体］昔を
思い出していただけますか。**無実の罪**を着せられて**つらい思い**をしたと、**神**となった昔を。

と詠みて、紅の薄様一重に書きて御宝殿におしたりける夜、法皇の御夢に、[3]**よに**気高
と詠んで、紅の薄様の一重の紙に書いて御宝殿に貼り付けたその夜、法皇の御夢に、**実に**上品で**身分の高**

くやむごとなき翁の［主格］、束帯にて御枕に立ちて、ややと [4]**おどろかし**参らせて、われは
い老人が、束帯姿で御枕元に立ち、「もしもし」とお**起こし**申し上げて、「私は北野

北野右近馬場の神にて［断定・用］侍り。[5]**めでたき**ことの［主格］侍る、御使ひ給はりて、見せ候はむ［意志・終］と
の右近馬場の神でございます。**すばらしい**ものがございますのを、ご使者をいただいて、お見せしましょう」と

[a]申し給ふと [b]おぼしめして、[c]うち**おどろか**せ［尊敬・用］給ひて、天神の［主格］見えさせ［尊敬・用］給へる［完了・体］、いか
申し上げなさるとお思いになって、**目をお覚ましに**なって、「天神が(姿を)お現しなさったのは、どのようなこと

なることの［主格］あるぞ。見て参れとて、御厩の御馬に北面の者を乗せて馳せよと [d]仰せら
があるのか。見て参れ」と言って、「御厩の御馬に北面の者を乗せて(馬を)走らせよ」とお命じに

れければ、[e]馳せ参りて見るに、　小大進は、雨しづくと泣きて候ひけり。**御前**に紅
なったので、(北面の者が)駆けつけて参上してみると、小大進は、(涙を)雨雫(あめしずく)のように流して泣いていました。神の**御前**に紅

の薄様に書きたる歌を見て、これを取りて参るほどに、いまだ [f]参りもつかぬ［打消・体］に、鳥
の薄様の紙に書いた歌を見て、これをとって(法皇のもとへ)参上するうちに、まだ参上しないときに、鳥

□なきな【無き名】根拠のない評判。

□うし【憂し】①つらい。いやだ。②わずらわしい。③うらめしい。

□あらひとがみ【現人神】①人の姿をした神。②天皇。

□よに【世に】①実に。とても。②まったく(～ない)。

□やむごとなし ①高貴で尊い。②並々でない。

□おどろかす【驚かす】①びっくりさせる。②気をひく。③起こす。

□めでたし【愛でたし】①すばらしく心がひかれる。②喜ばしい。

□おどろく【驚く】①目を覚ます。②はっと気がつく。

□おまへ【御前】①(貴人の)前・おそば。②(貴人の敬称で)様。

羽殿の南殿の前に、かの失せたる御衣をかづきて、さきをば法師、あとをば敷島とて、

羽殿の南殿の前に、あの紛失した御着物をかぶって、前に法師、後ろに敷島といって、待賢門院の雑仕

待賢門院の雑仕なりける者、かづきて、獅子を舞ひて参りたりけるこそ、天神の

女だった者が、かぶって、獅子舞を舞いながら参上したことこそ、天神が霊

あらたに歌にめでさせ給ひたりけると、めでたく尊く侍れ。すなはち、小

験あらたかに小大進の歌に感応なさったことよ、すばらしく尊いことでございます。（法皇は）すぐに、小大進をお

大進をば召しけれども、かかる問拷を負ふも、心わろきものにおぼしめすやうのあ

呼びになったけれども、このような疑いを受けるのも、法皇が（私を）不心得なものだとお思いになる理由がある

ればこそとて、やがて仁和寺なる所に籠りゐてけり。力をも入れずしてと、古今

からこそだと思って、そのまま仁和寺というところに籠もってしまった。（和歌は）力を入れずして（天神地祇を動

集の序に書かれたるは、これらの類にや侍らむ。

かす）と、古今集の序に書かれているのは、これらの類でございましょうか。

［出典：『古今著聞集』巻第五　和歌第六］

□かづく
【被く】四段 ①かぶる。②いただく。
下二 ①かぶせる。②与える。
【潜く】①水に潜る。②水に潜って海産物などをとる。

□あらたなり
【灼なり】はっきりしている。
【新たなり】新しい。

□めづ【愛づ】①かわいがる。②ほめる。感嘆する。

□やう【様】①形式。②様子。③状態。④理由。⑤方法。

2 説話

成蹊大学 閑居友（かんきょのとも）

作品解説 ■ 鎌倉時代前期の仏教説話集。二巻三十二話からなり、先行の説話集にない話を載せる。無名な人や女性を主人公とした話が多い。遁世者（とんせいしゃ）の心のありようを描き、それを機縁として教化することを目的として書かれた。

別冊（問題） p. 12

解答

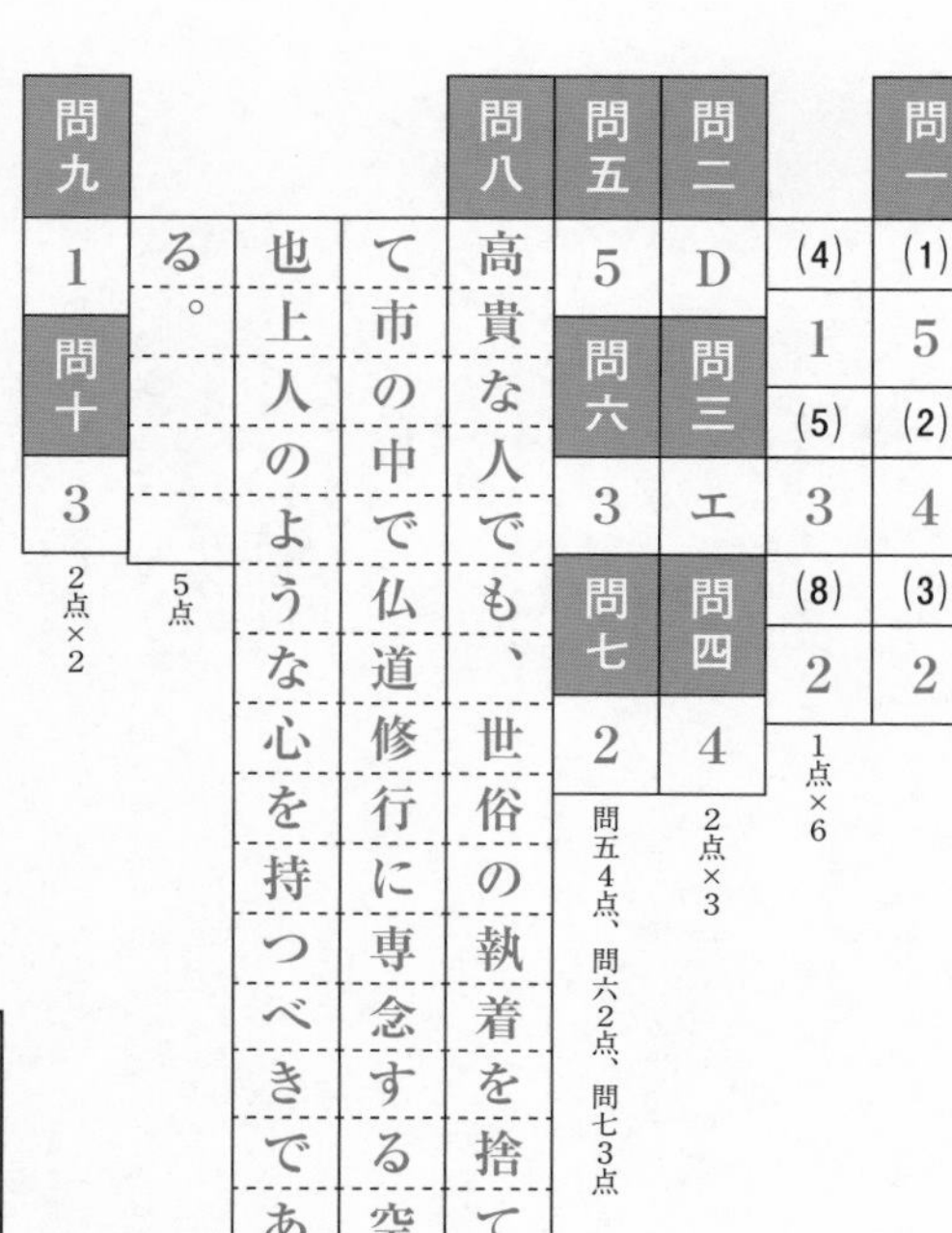

問	解答	配点
問一	(1) 5　(2) 4　(3) 2　(4) 1　(5) 3　(8) 2	1点×6
問二	D	2点×3
問三	エ	
問四	4	
問五	5	問五4点、問六2点、問七3点
問六	3	
問七	2	
問八	高貴な人でも、世俗の執着を捨てて市の中で仏道修行に専念する空也上人のような心を持つべきである。	5点
問九	1	2点×2
問十	3	

合格点 22／30点

問題文の概要

あらすじ ● 大勢の弟子を抱えて山中で修行生活を送っていた空也上人（くうやしょうにん）は、ある日突然姿を消してしまう。その後、市で施しを受けていた上人は、弟子の世話からも解放され、市の中は快適で仏道修行に専念できると弟子に語った。高貴な人もこの上人のような仏道心を持つべきである。

内容解説 ● 主人公の空也上人の一切の物欲を断（た）った生き方は、理想的な出家者の姿です。高貴な人であっても、市の中で仏道修行に専念した主人公と同じ気持ちにならなければならないと説いています。典型的な仏教説話です。

設問解説

問一　語句の意味

設問文は現代語訳となっていますが、実際には語句の意味を問う設問です。ただし、複数の意味を持つ語もあり、文脈を踏まえて判断することが必要です。順に見ていきましょう。

傍線部(1)「月ごろ」の「ごろ」は期間を表す接尾語で、「数ヶ月間」の意味の名詞です。よって、**5「数ヶ月」が正解**です。

関連メモ　期間を表す重要単語
日ごろ＝「数日間・数日来」の意味。
月ごろ＝「数ヶ月間・数ヶ月来」の意味。
年ごろ＝「長年の間・数年来」の意味。

傍線部(2)「あやし」は形容詞の語幹です。そこに連体修飾格の「の」が接続して連体修飾の働きになっています（↓28ページ **形容詞の語幹の用法**）。「あやし」は**不可解なさま**を表す形容詞で、意味はさまざまです。選択肢の**1**～**5**の意味をすべて持っています。そこで、本文を見ます。「あやしの薦（こも）」は「ひきまはし（張りめぐらし）」の目的語なので、薦で囲いを作ってその中に上人はいたということです。「薦」は藁（わら）などで作った粗末な敷物なので、それを知っていれば答えは出ます。傍線部(2)の後の「食ひ物のはしばし受け集め」は、上人がわずかな食べ物の施しを受けているということなので、「あやしの薦」は粗末なもので間違いありません。よって、**正解は4「粗末な」**です。粗末な薦の囲いの中で施しを受けながら修行をするさまには、物欲を捨てて命をつなぐための最小限のものしか求めない世俗の執着を捨てた上人の姿が描かれています。

傍線部(3)

さすが①—ゆかしく②—て③
①副　そうは言ってもやはり。
②形「ゆかし」の連用形。見たい。知りたい。
③接助　単純接続［～て］

「ゆかし」は「見たい、知りたい」といった**好奇心を表す**形容詞です。これと合致するのは、**2「やはり知りたくて」**です。

読解ルール　「と」「て」は同じことの言い換えを表す！

格助詞「と」と接続助詞「て」は言い換えを表し、その前後の内容が一致するので、「いかすぢの人ならむ」＝「さすがゆかしく」＝「さし寄り」＝「見」、となります。乞食をしている人物が上人とは知らない弟子が、「どういう素性の人だろう」**と**「知りたがっ」**て**「近寄っ」**て**「見た」ということです。よって正解は2「やはり知りたくて」です。

傍線部(4)「あな」は感動詞、「あさまし」は形容詞の終止形で、感嘆文になっています。「あさまし」は**事の意外さに驚きあきれるばかりだという感じ**を表す語で、さまざまな意味があり、選択肢1～5の意味をすべて持っています。そこで、本文を見ると、この部分は、市で物乞いをしているのが上人だと知った弟子の発言です。「ものさわがしきとのたまはせしうへに、かきくらし給ひてし後は、ふつに、世の中にまじらひていまそかるらんとは思はざりつるを」の重要語句を解説すると、

> のたまふ　動「言ふ」の尊敬語
> かきくらす　動 あたりを暗くする・悲しみにくれる
> ふつに　副「ふつに～ず」で「まったく～ない」

となります。ここでの「かきくらす」は辞書的な「暗くする・悲しみにくれる」の意味ではなく、「行方をくらます」の意味です。7行目の「行方なくなし」を「かきくらし」と言い換えています。以上を踏まえて、この部分を訳すと、「騒がしいとおっしゃったうえに、行方をくらましなさった後に、このような俗世間に交わっていらっしゃるとはまったく思わなかった」となります。**弟子にとって上人が市にいたことは予想外だったということです。**よって、1「ああ、思いがけないことだ」が正解となります。

> ・あさまし＝「意外だ・情けない・みすぼらしい・はなはだしい」など。

●形容詞の語幹の用法●　＊シク活用の場合は終止形が語幹の働きをする。

1　感嘆文を作る

「あな」＋形容詞の語幹

例 あな、めでた。　訳 ああ、すばらしい。

「めでた」は形容詞「めでたし」の語幹

2　語幹＋「の」＋「名詞」

連体格の「の」を伴って下の名詞を修飾する

例 めでたのさま（＝めでたきさま）　訳 すばらしい様子

3　理由を表す

名詞＋「を」＋形容詞の語幹＋「み」

→「○○が△△ので」の意味を表す。

例 山を高み、　訳 山が高いので、

「高」は形容詞「高し」の語幹

傍線部(5)「いまそかる」は、「あり」の尊敬語のラ変動詞「いまそかり」の連体形です。尊敬語の訳になっている3「いらっ

しゃる」が正解です。

> **関連メモ　セットで覚える　ラ変動詞**
> あり・をり・はべり・いまそかり（いますがり）

傍線部(8) 「たより」も多義語で、選択肢1～5の意味をすべて持っています。本文を見ると、「観念たよりあり」とあります。「観念」は、仏教語で「心を静かにして、仏の教えの深さに思いを致し、真理を観察すること」です。これを知らなくても、「観念」とは「物事を深く考えること」で、傍線部の直前の「市にはさまざまな人がいて、それを見ると涙がこぼれる」という上人の発言内容を考え合わせれば、さまざまな人の姿を見ることが上人の「観念」の「機縁（きっかけ）」になっている、と読み取ることができます。よって2「機縁」が正解です。上人が市で目にしたさまざまな人については、**問四**と**問五**で解説します。

> ・たより【便り・頼り】＝「頼み・機会・便宜・音信・具合・機縁」などの意味。

解答 (1) 5　(2) 4　(3) 2　(4) 1　(5) 3　(8) 2

問二　文法（敬語）

ポイントは敬語の種類です。選択肢を見ます。Ａ「おはし」Ｂ「のたまひ」Ｃ「給ひ」は尊敬語で、暗記すべき単語です。Ｄ「聞こえ」とＥ「侍り」を本文で確認します。Ｄは「育み聞こえ」とあり、用言の下に接続しているので「聞こえ（聞こゆ）」は謙譲の補助動詞です。Ｅの「侍り」には丁寧語と謙譲語の用法がありますが、補助動詞の場合は丁寧語になります。「思ひやられ侍り」は、自発の助動詞「れ」があっても、用言「思ひやら」の下にあるので、「侍り」は丁寧の補助動詞です。よって、正解はＤとなります。

解答 Ｄ

「聞こゆ」と「侍り」には三つの用法がありますので、それぞれまとめます。

> **●「聞こゆ」の用法●**
> 1 「聞こえる・噂（うわさ）される・意味が通じる」の意味の動詞
> 2 「言ふ」の謙譲語→「申し上げる」の意味
> 3 謙譲の補助動詞＝用言＋「聞こゆ」→「～申し上げる」の意味
>
> **●「侍り」の用法●**
> 1 「あり」の丁寧語→「あります・ございます」の意味

2 「あり」の謙譲語→「お控え申し上げる」の意味

3 丁寧の補助動詞＝用言など＋「侍り」→「〜ます」の意味

問三 文法（助動詞の識別）

ア 給ひにけり　「給ふ」の連用形に接続し、「に」＋「けり」の形を取っているので、「に」は完了の助動詞「ぬ」の連用形です。

●「に」の識別●

1 体言・連体形＋「に」 訳〜に
　「に」→格助詞

2 連体形＋「に」 訳〜ので・〜と・〜のに
　「に」→接続助詞

3 ［体言／連体形］＋「に」＋「あり」 訳〜である
　「に」→断定の助動詞「なり」の連用形

4 連用形＋「に」＋［「けり」（過去の助動詞）／「き」］ 訳〜た
　「に」→完了の助動詞「ぬ」の連用形

5 「―に」で一語で、活用する語
　→形容動詞の連用形の活用語尾

6 「―に」で一語で、活用しない語
　→副詞の一部

イ ならねば　断定の助動詞「なり」の未然形に接続しているので、「ね」は打消の助動詞「ず」の已然形です。

●「ね」の識別●

・未然形に接続→打消の助動詞「ず」の已然形
・連用形に接続→完了の助動詞「ぬ」の命令形

ウ ならむ　断定の助動詞「なり」の未然形に接続している、推量の助動詞です。上に疑問を表す語「いかすぢ」があります。疑問を表す語句がある場合、文末は連体形になるので、「む」は連体形です。

エ 泣きけるとなん　引用の格助詞「と」の下にあるので、「なん（なむ）」は係助詞で、下に「言ふ」などの語が省略されています。

●「なむ（なん）」の識別●

1　未然形＋「なむ」→願望の終助詞［〜てほしい］

2　連用形＋「な」＋「む」
→完了（強意）の助動詞「ぬ」の未然形
＋推量の助動詞「む」

3　名詞など＋「なむ」　→強意の係助詞

＊文末は係り結びで連体形になる。

＊「なむ」がなくても文意は通じる。

4　ナ変動詞の未然形語尾「―な」＋推量・意志の助動詞「む」

例　死なむ　訳　死ぬだろう

オ　侍るにや　ラ変動詞「侍り」の連体形に接続し「〜である」と訳せるので、「に」は断定の助動詞「なり」の連用形です。「や」は係助詞で、下に「あらむ」などの語が省略されています。よって、助動詞でないのは、エとなります。

解答　エ

問四　内容説明

●内容説明のルール●

1　傍線部を訳す

2　わかりやすい表現に直す

傍線部(6)を品詞分解します。

頭（かうべ）｜に｜雪｜を｜①いただき｜て｜②世の中｜を｜③走（わし）る

①動【頂く・戴く】頭の上に載せる。

②名　世間。

③動【走る】はしる。あくせくする。

直訳▼　頭の上に雪を載せて世間を走る

傍線部(6)は、市の中で修行する空也上人の発言の中にあり、空也上人が観察している人々の様子を述べています。

ポイントは**「頭に雪」**の意味です。「頭に雪をいただく」は「頭に雪を載せる」の意味ですが、**「年老いて白髪頭になる」**ことを表します。それを訳出している選択肢は、**4**の「年老いて白髪になっても世渡りにあくせくする。」だけです。**3**も「白髪」という言葉はありますが、白髪の原因が「苦労」なので不適です。よって、**正解は4**となります。「走る」には「あくせくする」の意味があります。「世の中を走る」を「世渡りにあくせくする」と訳すのはなかなか難しいでしょうが、「頭の雪」を知っていれば答えを出すことは容易です。ちなみに「世渡りにあくせくする」とは「目先のことにとらわれて日々落ち着かない暮らしをしている」ということです。

解答　4

問五　解釈

傍線部(7)も空也上人の発言の中にあり、空也上人が観察している人々の様子を述べています。ポイントは、「後の世を忘れ」の意味することです。傍線部を訳します。

> ①悔しかる｜②べき｜③後｜の｜世｜を｜④忘れ｜たる｜人
>
> ①形「悔し」の連体形。後悔する様子を表す。
> ②助動「べし」の連体形。推量［〜だろう］
> ③「後の世」＝「来世」の意味。
> ④「忘れたる人」＝忘れている人。
>
> 直訳▼後悔するであろう来世を忘れている人

「後悔する」の意味を訳出している選択肢は2と5です。「忘れたる」は「そういう考えがない」ということなので、直訳をわかりやすく言い換えると、**「来世で後悔することを考えていない人」**となります。2は「後悔することのない」となっていて「考えがない」という意味を訳出していません。よって、正解は5「来世で現世の行いを後悔することになると思っていない人」となります。直訳ではやや不自然なので、選択肢はわかりやすい表現になっています。

読解ルール　「て」は同じことの言い換えを表す！

傍線部(7)の直前に「目の前に偽りを構へて」とありますが、これは「目先の利益のために嘘偽り(うそ)を作り出す」の意味です。「て」は言い換えを表すので、「嘘をつく」＝「来世で後悔することになると思っていない」となります。これをわかりやすく言うと「嘘をついたりしたら、死んだ後、地獄に落ちて後悔することになるのに、それを考えていない人」ということです。**問四**で見た「市で目先のことにとらわれてあくせく暮らしている人」や「死後に後悔するとも知らずに嘘をついている人」は仏の教えに背いていて、上人とは真逆の生き方をしている人です。そして、上人はこのような人たちを見ると悲しい、しかしそれは観念の機縁になる、と言うのです。仏の教えに背く生き方をする人たちが、上人にとっては反面教師になっているのです。

解答　5

問六　適語の補充（係り結び）

着眼点　文末の空欄は係り結びをチェックせよ！

文末にある空欄は、まずは係助詞を確認し、係り結びになるかどうか確認します。空欄の前の部分の「いにしへはそこになむ」の「なむ」が係助詞で、文末が結びになるので、空欄には連体形が入ります。選択肢の中で連体形になっているのは3「侍る」しかないので、3が正解です。　**解答** 3

●係り結びの法則●

〈係助詞〉	〈結びの語の活用形〉
ぞ・なむ・や・か	――**連体形**
こそ	――**已然形**

問七　解釈

「さこそは」の後に、どのような内容が省略されているかがポイントです。「さこそ」は、「そのように・さぞかし」の意味の連語です。この意味を訳出しているのは選択肢1と2です。

1　そのように上手(うま)くは育てられなかったはずだ。

2　さぞかし心が落ち着かないことであったろう。

読解ルール　「と」は同じことの言い換えを表す！

「さこそはと」の「と」は言い換えを表すので、「さこそは」=「思ひやられ侍り」となります。「思ひやられ」の主語は編者で、ここは空也上人の逸話に対する編者の感想が述べられています。傍線部の直前の「まことにあまたの人を育まんとたしなみ給ひけむ」は、空也上人が大勢の弟子を育てていたことを指しているので、**「さこそ」は、「弟子を育てていたこと」に対する編者の感想**だと判断できます。空也上人が弟子について言及しているのは、10行目の「そこたちを育み聞こえん」のところです。上人は、「あなたたちをお育てしようとあれこれ思いを巡らせた〈心のうちのものさわがしさ〉をわかってください」と弟子に訴えています。「思ひやる」には「おしはかって同情する」の意味があるので、弟子に向けられた上人の言葉を受けて、編者は上人の〈心のうちのものさわがしさ〉を「さぞかし」とおしはかって同情しているということです。よって正解は2「さぞかし心が落ち着かないことであったろう。」となります。「さこそは」の下に「ものさわがしかりけめ」が省略されているということです。

冒頭の「あなものさわがしや」という発言は、「弟子が大勢いてがやがやとうるさい」という意味ではなく、「弟子の面倒を見るのは心が落ち着かない」という意味だったということです。弟子の世話が煩わしかったという発言は、現代的な観点から見ると、上人を自己中心的な人物のように感じますが、そうではありません。仏教説話には独特の価値観があって、仏道修行に専念することこそが一番大切なことなので、弟子の存在は修行を妨げるものだということです。　**解答** 2

問八 解釈 難

第四段落の最後の一文では、上人のエピソードから得られる教訓を述べています。傍線部⑽の最後の「べき」が、教訓であることを示しています。傍線部⑽をまずは訳しましょう。

身｜は｜①錦｜の｜②帳（とばり）｜の｜中｜に｜あり｜③とも、｜心｜に｜は｜市｜の｜中｜に｜まじはる｜④思ひ｜を｜なす｜べき

① 名 美しい厚手の絹織物。
② 名 室内の仕切りや外との隔てとして垂れ下げる布。
③ 接助 逆接仮定条件［たとえ～にしても］
④「思ひをなす」＝そういう心を持つ。

直訳▼ 身は錦の帳の中にあったとしても、心の中では市の中に交わっているという思いをするべき（だ）

逆接は対比関係を表す！

「とも」は逆接（仮定）の用法の助詞なので、「錦の帳の中」と「市の中」は対比関係にあります。「市の中」は5行目の上人が施しを受けていた「あやしの薦ひきまはしたる中」を指し、「錦の帳」の「錦」は「高級な絹織物」、「帳」は「室内の仕切りの布」なので、「錦の帳の中」は「高貴な人の住まい」を表します。22行目の「すみやかにこの空也上人のかしこきはからひにしたがひて」は、「ただちにこの空也上人の優れた考えに従って」の意味です。「かしこき」は「賢き」で褒め言葉です。「市の中にまじはる」とは、「空也上人が市の中で仏道修行に専念していたこと」を指します。これらを踏まえて傍線部の趣旨をまとめると、「たとえ高貴な人でも、市の中で仏道修行に専念する空也上人のような心を持つべきである」となります。これに問一で解説した「世俗の執着を捨てて」を加え、字数制限に合わせてまとめた、「高貴な人でも、世俗の執着を捨てて市の中で仏道修行に専念する空也上人のような心を持つべきである。」を正解とします。この文章が仏教説話であることを知っていれば、それも大きなヒントになります。

解答 **高貴な人でも、世俗の執着を捨てて市の中で仏道修行に専念する空也上人のような心を持つべきである。**（47字）

配点
高貴な人……1点
世俗の執着を捨てて……2点
仏道修行に専念する空也上人のような心を持つべき……2点

問九　文法（助動詞）

直前の「べき」は推量の助動詞「べし」の連体形なので、「な」は断定の助動詞「なり」の連体形「なる」の撥音便「なん」の無表記です。よって、正解は1となります。　**解答**　1

関連メモ　音便

音便とは、発音しやすいように、語中や語の末尾の音が変化することをいいます。音便には、次の四つの種類があります。

イ音便……変化して「イ」の音になるもの
例「書きて」→「書いて」
「うつくしき花」→「うつくしい花」

ウ音便……変化して「ウ」の音になるもの
例「思ひて」→「思うて」
「うつくしく」→「うつくしう」

撥音便……変化して「ン」の音になるもの
例「住みて」→「住んで」
「うつくしかるなり」→「うつくしかんなり」

促音便……変化して「ッ」の音になるもの
例「立ちて」→「立つて」

問十　文学史（→148ページ参照）

1　**宇治拾遺物語**　→鎌倉時代の世俗説話集。
2　**古今著聞集**　→鎌倉時代の世俗説話集。橘成季編。
3　**愚管抄**　→鎌倉時代の歴史書。慈円著。
4　**十訓抄**　→鎌倉時代の世俗説話集。
5　**発心集**　→鎌倉時代の仏教説話集。鴨長明著。

よって、正解は3となります。

世俗説話と仏教説話では内容が大きく異なります。どちらの説話なのかを知っていることは読解の助けになりますので、頻出作品についてはジャンルを覚えておきましょう。　**解答**　3

現代語訳

昔、空也上人、山の中にAおはしけるが、常には、「あなものさわがしや」とBのたまひければ、あまたありける弟子たちも、慎みてぞ侍りける。たびたびかくありて、

昔、空也上人が、山の中にいらっしゃったが、いつも、「ああ、落ち着かないなあ」とおっしゃったので、たくさんいた弟子たちも、（騒音を立てないように）気をつけていました。しばしばこういうことがあって、

（ぞ：強意（↓）　ける：過去・体（↑））

ある時、かき消つやうに、失せ給ひアにけり。心の及ぶほど尋ねけれども、さらにえ遇ふ事もなくて(1)月ごろになりぬ。さてしもあるべきならイねば、みな思ひ思ひに散りにけり。

ある時、かき消すように、（空也上人は）いなくなってしまわれた。（弟子たちは）考えの及ぶ限り捜したけれども、まったく出会うこともできなくて数ヶ月が経ってしまった。いつまでもそのままでいるわけにもいかないので、皆思い思いに散り散りになってしまった。

（に：完了・用　の：主格　ぬ：完了・終　ね：打消・已　に：完了・用）

かかるほどに、ある弟子、なすべき事ありて、市に出でて侍りければ、(2)あやしの薦ひきまはしたる中に、人あるけしきして、前に異やうなるものさし出だして、食ひ物のはしばし受け集めて置きたるありけり。「いかすぢの人ならウむ」と、(3)さすがゆか

こうしているうちに、ある弟子が、しなくてはならない用事があって、市に出かけましたところ、粗末なむしろを張りめぐらした中に、人がいる気配がして、前に異様なものを差し出して、食べ物の端くれを受けて集めて置いている人がいた。「どんな素性の人だろうか」と、やはり知りたく

（む：推量・体）

重要語句

□さわがし【騒がし】①やかましい。②忙しい。③落ち着かない。

□あまた【数多】①たくさん。②非常に。

□うす【失す】①消える。②命をなくす。

□さらにえ～なし　まったく～できない。

□つきごろ【月頃】数ヶ月来。

□さてしもあるべし　そのままでよい。

□あやし
【怪し】不思議だ。
【賤し】①粗末で見苦しい。②身分が低い。

□さすが　そうはいってもやはり。

□ゆかし　①～したい（見たい・聞きたい・知りたい・読みたい）。②心ひかれる。

しくてさし寄りて見たれば、行方なくなしてし我が師にておはしける。「あなあさまし。ものさわがしきとのたまはせしうへに、かきくらし給ひてし後は、ふつに、世の中にまじらひていまそかるらんとは思はざりつるを」といひければ、「もとの住処のものさわがしかりしが、このほどはいみじくのどかにて、思ひしよりも心も澄みまさりてなむ侍るなり。そこたちを育み聞こえんとて、とかく思ひめぐらしし心のうちのものさわがしさ、ただおしはかり給ふべし。この市の中は、かやうにてあやしの物さし出だして待ち侍れば、食ひ物おのづから出で来て、さらに乏しき事なし。心散るかたなくて、ひとすぢにいみじく侍り。また、頭に雪をいただきて世の中を走るたぐひあり。また、目の前に偽りを構へて、悔しかるべき後の世を忘れたる人あり。

て近寄って見たところ、行方不明としていた我が師でいらっしゃった。「ああ思いがけないことだ。落ち着かないことだとおっしゃったうえに、姿を消しなさった後は、世の中に交わっていらっしゃるだろうとはまったく思いもしなかったのに」と言ったところ、「もとの住み処は落ち着かなかったが、この辺りはたいそう落ち着いていて、思ったよりも心もずっと澄んでいるのです。あなたたちをお育て申し上げようと思って、あれこれ思いめぐらした（私の）心の落ち着かなさを、よく推しはかってください。この市の中は、このようにして粗末なものを差し出して待っていますと、食べ物が自然と現れて、まったく不自由することがない。気の散ることがなく、ひたすらすばらしいのです。また、年老いて白髪になっても世渡りにあくせくするような人がいる。また、目先の利益のために嘘偽りを企てて、後悔するはずの来世の報いを忘れている人がいる。

□あさまし　①驚きあきれる。②情けない。③ひどい。見苦しい。
□いみじ　①みすぼらしい。②ひどい。恐ろしい。③並々ではなくたいそうなことだ。
□そこ　①そこ。②おまえ。あなた。
□おのづから【自ら】①自然に。②たまたま。③もしかすると。
□かうべのゆき【頭の雪】白髪。
□のちのよ【後の世】①後世。②死後の世界。

これらを見るに、悲しみの涙かきつくすべきかたなし。観念(8)たよりあり。

これらの人々を見ると、悲しみの涙をかき尽くしようもない。（心を静かにし、仏の教えの深さに思いを致し、真理を観察する）観念の**機縁**がある。

心しづかなり。いみじかりける所なり」とぞ侍りける。

（私の）心は落ち着いている。すばらしいところだ」という（空也上人の）答えがありました。

弟子も涙に沈み、聞く人もさくりもよよと泣きけると エ なん。

弟子も涙にくれ、聞く人もしゃくりあげおいおいと泣いたということだ。

その跡とかや、北小路猪熊に石の卒塔婆の侍るめるは、いにしへはそこになむ市の立ちけるに侍る。

その跡とかいう、北小路猪熊に石の卒塔婆がありますようなのは、昔はそこに市が立っていたのです。

あるいは、その卒塔婆は玄昉法師のために空也上人の建て給へりけるとも申し侍る オ にや。

あるいは、その卒塔婆は玄昉（げんぼう）法師のために、空也上人がお建てになったとも申しますでしょうか。

まことにあまたの人を育まんとたしなみ給ひけむ、(9)さこそはと思ひやられ E 侍り。

本当にたくさんの人を育てようと心がけなさったということは、さぞかし（心が落ち着かないこと）であっただろうと想像しないではいられません。

あはれ、この世の中の人々の、いとなくとも事も欠くまじきもののゆゑに、あまた居まはりたるを、いみじき事に思ひて、これがためにさまざまの心を乱ること、

ああ、世間の師である僧たちが、ひまがなくても**不自由する**わけではないために、大勢の弟子たちが周りを囲んで座っているのを、すばらしいことだと思って、この者たちのためにさまざまに心が乱れることは、

□たより【頼り・便り】①よりどころ。縁故。②よい機会。ついで。③手段。④ぐあい。配置。

□ことかく【事欠く】不自由する。

はかなくも侍るかな。命の数満ち果てて、ひとり中有の旅に赴かん時、誰か随ひとぶらふ者あらん。すみやかにこの空也上人のかしこきはからひにしたがひて、身は錦の帳の中にありとも、心には市の中にまじはる思ひをなすべきなめり。

（語注：かん＝婉曲・体／か＝反語（↓）／ん＝推量・体（↑）／な＝断定（撥無）／めり＝推定・終）

つまらないことですよ。寿命が尽きて、ひとり中有の旅に赴くような時、誰か後からついて行き訪ねる者がいるだろうか（いや、いない）。ただちにこの空也上人の尊い考えに従って、⑽身は錦の帳の中にあるといっても、心には市の中に交わるような思いをしなければいけないようだ。⑾

［出典：『閑居友』上巻四］

□はかなし【果無し】①頼りない。②ちょっとした。つまらない。

□とぶらふ【訪ふ】①訪問する。②見舞う。【弔ふ】弔問する。

□かしこし【賢し】①優れている。②利口である。③はなはだしい。【畏し】①恐ろしい。②恐れ多い。

□はからひ【計らひ】考え。判断。

3 物語

國學院大學 源氏物語

作品解説 ■ 平安時代中期の長編物語。紫式部作。「桐壺」から「夢浮橋」まで全五十四帖。前半は光源氏を、後半は光源氏の子薫大将を主人公として、さまざまな愛と苦悩を描く。「橋姫」以降の十帖は、「宇治十帖」と称される。後代の日本文学に大きな影響を与えた。

別冊（問題） p. 20

解答

問一	問二	問三	問四	問五	問六		問七	問八	問九
(a) ウ (f) ア	ア	イ	(d) イ (e) ア	イ	(A) 1 オ 2 ア 3 エ	(B) 1 ウ 2 オ 3 イ	エ	エ	ア
2点×2	2点	3点	2点×2	3点	1点×6		2点	3点	3点

合格点

23／30点

問題文の概要

あらすじ ● 帝は絵に関心を寄せていたので、絵の上手な斎宮女御に心を惹かれ女御の局へ足しげく通っていく。それを聞いた権中納言は、自分の娘も負けてなるものかと優れた絵師に物語絵や月次絵などを見事に描かせた。特に入念に描いてあるものは隠そうとする権中納言の子どもじみた態度を大臣は笑う。

内容解説 ● 帝の寵愛を受けることは女本人だけでなく、その父親にとっても一大事でした。絵を好む帝の気持ちを自分の娘に向けようと、子どもじみたふるまいをする権中納言とそれを笑う大臣が対照的に描かれています。

光源氏（＝大臣）―― 斎宮女御
＝
帝（＝上）
＝
権中納言 ―― 弘徽殿女御

設問解説

問一 現代語訳

まずは、リード文を見て、本文に登場する人物や設定状況を確認します。『上(うえ)』の寵愛をめぐり、二人の娘が競っている」という状況なので、「上」が二人の女性のどちらを寵愛するのか、を意識しながら読み進めます。

傍線部(a) ポイントは「已然形(いぜん)＋ば」の訳です。まずは「好ま」の主体判定をします。本文冒頭に「上」と主語が明記されています。傍線部(a)には主語が省略されていますが、それは書く必要がないからです。つまり「上」の主語が継続しているということです。品詞分解して直訳をします。

①たてて｜好ま｜②せ｜③たまへ｜④ば｜⑤に｜⑥や

① 副 特に。
② 助動 「す」の連用形。尊敬［〜なさる］
③ 補動 「たまふ」の已然形。尊敬［〜なさる］
④ 接助 順接確定条件［〜ので・〜から］
⑤ 助動 「なり」の連用形。断定［〜である］
⑥ 係助 疑問［〜か］（下に「あらむ」などが省略されている）

直訳 ▼ 特に好みなさるからであろうか

「たてて」は、動詞「立て」＋助詞「て」が、一語の副詞となった語です。「好ま」の主語は「上」なので、「せ」は尊敬の意味です。

選択肢を見ると、**接続助詞の順接確定条件を正しく訳出しているのはウ**「格別に関心を寄せていらっしゃるからだろうか」しかありません。「たてて」「好ま」「せたまへ」すべての訳に間違いはありません。よって、ウが正解です。

已然形＋ば＋に＋や ⇒ 「〜だからだろうか」の意味

「好む」という言葉が出てきましたが、これは「上が絵に格別に関心を寄せていた」という状況です。このことが、今回の話の展開を見極める重要な前提となります。

関連メモ 「好く」の派生語

「好く」は「強く興味を持つ・風流の道に熱心である」「色恋に打ち込む」の意味です。派生語には次のような重要語句があります。

- 好き(数奇)＝「風流の道に心を寄せること。色好み」の意味。
- 好き者＝「物事に深く興味を持ち熱中する人（＝好事家）。好色な人」の意味。

風流と恋愛を同じカテゴリーにしているのがおもしろいです。

傍線部(f) 選択肢を見ると「より」はすべての選択肢が「よりも」と訳しているので、比較の格助詞だとわかります。「ありし」と「けに」の意味が決め手になります。

「ありし」は二通りの品詞分解が考えられます。

1 ありし＝「以前の。生前の」の意味の連体詞。

2 「あり」＋「し」＝「あり」はラ変動詞「あり」の連用形、「し」は過去の助動詞「き」の連体形で、「生きていた」の意味。

連体詞「ありし」は、「あり」＋「し」が活用しない一語となったものなので、品詞の違いではなく文脈に合う意味かどうかを考えて判断します。

けに【異に】＝「特に。いっそう」の意味の副詞。

直訳▼ 1 以前よりもいっそう

2 生きていたときよりもいっそう

直訳から選択肢をアとオに絞ることができます。

着眼点 **傍線部の前後に根拠あり！**

読解ルール **「て」は同じことの言い換えを表す！**

4行目「をかしげなる人」は斎宮女御のことで、「心ばへある……らうたげさに」は、「斎宮女御が風情ある絵を描く姿がかわいらしい」ということです。5行目の「御心しみて」、「いとしげう渡らせたまひて」の「て」は言い換えを表し、その前後の内容が一致するので、「御心しみ」＝「いとしげう渡らせたまひ」＝「ありしよりけに御思ひまされる」となります。「心しみ」は「心が惹かれる」の意味、「しげう」は「足しげく・しきりに」の意味、「せたまひ」が最高敬語であることから、主語は「上」で、「上が女御のかわいらしさに心惹かれ」＝「しきりにやって来た」＝「御思ひまされる」ということです。「御思ひまされる」は「愛情がまさっていった」という意味で、**美しい斎宮女御が風情ある絵を描く姿がかわいらしくて、上の寵愛がまさっていった**という状況だとわかります。オ「生きていた時より」では、「死んだ後」の話になってしまい、矛盾します。よって、「ありし」は「以前」の意味と判断できます。「ありし」を「以前」と訳しているのは、アです。「けに」の意味を知らなくて、選択肢イを残してしまっていたとしても、絵を上手に描く美しい女御への寵愛がまさっていくことは「不思議」なことではないので、除くことができます。よって、ア「以前よりも際立って」が正解です。

解答 (a)ウ　(f)ア

> **関連メモ　入試で問われる連体詞**
> 連体詞とは、体言（名詞）を修飾する、活用のない語。
> ありし＝「以前の」「生前の」の意味。
> ありつる＝「先ほどの」の意味。
> あらぬ＝「他の」「とんでもない」の意味。

問二　解釈

ポイントは「これ」の指示する内容です。傍線部(b)「これに御心移りて」を直訳すると、「これに御心が移って」です。明らかにしなければならないのは、「これ」の指示するものと、「御心」が誰の心か、この二点です。

読解ルール　「ば」の前に理由あり！

読解ルール　「て」は同じことの言い換えを表す！

接続助詞「ば」は原因を表し、「て」は言い換えを表すので、「斎宮女御、いとをかしう……渡らせたまひつつ」をまとめると、次のようになります。

> 〔前提〕　上は、絵に格別関心があって、上手に描いた。
> 〔原因〕　斎宮女御は絵が上手だった**ので、**
> 〔結果〕　「御心移り」＝何度もいらっしゃった。

リード文にあるように、この文章は「上」が誰を寵愛するかということを話題にしているので、前提と原因と結果をつないで考えると、「御心移りて」は、絵の好きだった「上」の「御心」が、絵の上手な「女御」に移ったのだと判断できます。「これ」は「斎宮女御」、「御心」は「上の御心」となります。よって、ア「上が斎宮女御を気に入った」が正解です。

解答 ア

問三　解釈　難

ポイントは、「まほ」の語感の理解です。まずは「描きすさび」の主体判定をして、傍線部(c)を訳します。

「描きすさび」の主語は直前に明記されている**「をかしげなる人」**ですが、新たな人物は登場していないので、これは上が気に入った**「斎宮女御」**のことを「をかしげなる人（美しい人）」と言い換えているのだと判断できます。これを踏まえて、傍線部(c)を訳します。

> ①まほなら｜ず｜描き｜②すさび

① **形動**【真秀なり】よく整ったさま。完全なさま。
② **動**【遊ぶ】興じる。（動詞＋「すさぶ」の形で「思いのままに〜する」の意味）

直訳▼ 整っておらず思いのままに描いて

「すさび」の意味を知っていると、「思いのままに」と同じ意味に訳している選択肢**イ**の「自由に」を選ぶことができますが、もし知らなければ、「まほならず」の意味から答えを出さなければなりません。絵に対する「整っていない」という評価は、必ずしもマイナスの評価とは限りません。**問二**で見たように、斎宮女御は絵が上手だから上に気に入られたということなので、「まほならず」はプラスになるはずで、マイナスの評価としている**ア**「上手ではない」は不適です。**「まほならず」の部分を「整ってはいないが、プラスの評価を表している」**ものが正解です。

イ「型にとらわれないで」は、「型」は整ったものなので、「整っていないがプラスの評価」を表しています。現代語にも「型破り」という言葉がありますが、これはマイナスの評価を表す言葉ではありません。**ウ**「巧みな」、**エ**「下手ではない」、**オ**「素人とは思えない」は、どれもプラスの評価ですが、「整っていない」の意味を含みません。**エ**の「くずした画風」は「整っていない」の意味を含みますが、本文の「すさび」の訳としては不適です。よって、**イ**「型にとらわれないで、自由に描いている」が正解です。

ア 上手ではないが、楽しんで描いている
→「まほならず」の訳出がない。

イ 型にとらわれないで、自由に描いている
→矛盾がない。

ウ 巧みな絵を、きちょうめんに描いている
→「まほならず」と「すさび」の両方の訳出がない。

エ 下手ではないが、くずした画風で描いている
→「くずした」は「型にはまらない」と取れるが、「すさび」の訳出がない。

オ 素人とは思えない絵を、ものの見事に描いている
→「まほならず」と「すさび」の両方の訳出がない。

「型」というのは完全な形状を作る元となるものを表すので、「まほならず」の意味を「型にとらわれず」とするのは理にかなっています。「完全であること」はプラスの評価だと思いがちですが、このようにマイナスの評価になることもあります。他にも、「うるはし」は「整ったさま」を表す形容詞で、「整っていること」はプラスの評価だと思いがちですが、型にはまってお

もしろくない、というマイナスの評価を表す場合もあります。文脈をしっかり把握したうえで個々の語句の意味を判断していく必要があります。

辞書的な意味を丸暗記するだけでは不十分です！　**解答**　イ

問四　**語句の意味**

傍線部(d)「らうたげさ」は形容動詞「らうたげなり」の語幹「らうたげ」に接尾語「さ」が付いて、名詞化したものです。「らうたげなり」は、「かわいらしいさま」の意味の形容動詞です。よって、イ「かわいさ」が正解です。

傍線部(e)　**問一**で見たように、「しげう」は形容詞「しげし」の連用形「しげく」のウ音便です。「しげし」は漢字では「繁し」で、「しきりである」の意味です。よって、ア「しきりに」が正解です。**イ**「しつこく」も「しきりに」とほぼ同じ状態を表しますが、マイナスの捉え方をした表現なので不適です。**問一**と**問二**で解説しましたが、ここは、上が気に入った女御のもとへ頻繁にいらっしゃるという場面で、リード文から女御もそれを喜んでいると判断できるので、不快な感情を含意する「しつこく」は合いません。

解答　(d)イ　(e)ア

問五　**内容判定**

選択肢の内容に該当する箇所を探して、本文の記述と選択肢の記述を照らし合わせます。

ア　上は万事に精通した人だった ×
→1行目「よろづのことにすぐれて」は、「すべてのことに優れている」の意味ではなく、「何事にもまして」の意味。

イ　上は絵を習う役人に目をかけた
→3行目「殿上(てんじゃう)の若き人々……御心とどめてをかしきものにおもほしたれ」に合致。

ウ　上は絵を描いては筆を休めて悩んでいた ×
→4行目「筆うちやすらひたまへる御さま」は、「斎宮女御が筆をとめて考えている様子」の意味。

エ　上は物語絵が見ごたえのあるものと考えた ×
→8行目「物語絵こそ……見どころあるものなれ（見ごたえあるものだな）」と言ったのは、「権中納言」。

オ　上は月次の絵を描いて斎宮女御に見せていた ×
→人物関係が間違っている。権中納言が月次の絵を絵師に描かせて上に見せた。

よって、イが正解です。権中納言は自分の娘が上から寵愛されるようにさまざまな趣向を凝らした絵を上に見せます。自分の娘が上の寵愛を受けることは、娘にとって幸せなだけでなく、自分の権力を確かなものにすることができるからです。

この話の背景には平安時代の摂関政治があります。日本史の基礎知識も古文の読解には必要なことです。

解答 イ

問六　文法（動詞の活用）

二重傍線部(A)「まねぶ」は活用語尾が「ぶ」なので、活用の行は「バ行」です。「ず」を付けると、「まねばず」となり、活用語尾「ば」は「a音」なので、「四段活用」です。下に連体形接続の助詞「を」があるので、「連体形」です。

基本形	語幹	未然形	連用形	終止形	連体形	已然形	命令形
まねぶ	まね	ば	び	ぶ	ぶ	べ	べ

よって、正解は1はオ、2はア、3はエとなります。

二重傍線部(B)「取り出で」は活用語尾が「で」なので、活用の行は「ダ行」です。「ず」を付けると、「取り出でず」となり、活用語尾「で」は「e音」なので、「下二段活用」です。下に補助動詞「たまは」があるので、「連用形」です。

基本形	語幹	未然形	連用形	終止形	連体形	已然形	命令形
とりいづ	とりい	で	で	づ	づる	づれ	でよ

よって、正解は1はウ、2はオ、3はイとなります。

解答 (A) 1 オ　2 ア　3 エ
(B) 1 ウ　2 オ　3 イ

問七　文法（「なむ（なん）」の識別）

ポイントは「なむ」の識別です。波線部(X)の前後も含めて品詞分解します。

劣り①—な②—む③—や④

① 動「劣る」の連用形。
② 助動「ぬ」の未然形。強意［きっと］
③ 助動「む」の終止形。推量［～だろう］
④ 係助 反語の係助詞の文末用法

「劣り」は四段活用動詞の連用形なので、「な」は完了の助動詞、意味は強意、「む」は推量の助動詞となります。正解はエです。

●「なむ（なん）」の識別●

1　未然形＋「なむ」→願望の終助詞［～てほしい］
2　連用形＋「な」＋「む」
　　→完了（強意）の助動詞「ぬ」の未然形

3 名詞など＋「なむ」　＋推量の助動詞「む」
↓強意の係助詞
＊文末は係り結びで連体形になる。
＊「なむ」がなくても文意は通じる。
4 ナ変動詞の未然形語尾「ーな」＋推量・意志の助動詞「む」
例 死なむ　訳 死ぬだろう

解答 エ

問八 解釈

波線部(Y)は、権中納言が上に見せるために描かせた絵についての記述です。ポイントは「をかし」の意味です。まずは波線部(Y)を品詞分解し、直訳します。

①わざと ― ②をかしう ― ③し ― ④たれ
① 副 わざわざ。特に。
② 形 「をかし」の連用形「をかしく」のウ音便。趣がある。
③ 動 「す」の連用形。する。
④ 助動 「たり」の已然形。存続［〜ている］
直訳 ▼ わざわざ趣がある様子にしている

選択肢を見ると、「わざと」を正しく訳しているのは、**エ**「特に」と**オ**「意図的に」になります。**エ**と**オ**の違いは、**エ**が「をかしう」の意味を「すばらしい趣向」としているのに対して、**オ**は「変わった内容」としていることです。「すばらしい趣向」は明らかにプラスの評価を表す言葉ですが、「変わった」は「他と違っている」の意味なので、プラスにもマイナスにもなる言葉です。現代語の「おかしな」には「変だ」の意味がありますが、「をかし」には「変わった」の意味はありません。

読解ルール 「ば」の前に理由あり！

接続助詞「ば」は原因を表すので、「わざとをかしうした」ので「またこなたにてもこれを御覧ずる（またこちらで御覧になる）」となります。「御覧になる」の主語は「上」です。「上」が御覧になるものなので、「をかし」はプラスの評価だと判断できます。よって、**エ「特にすばらしい趣向を取り入れてある」が正解です。**

解答 エ

問九 解釈

まずは、「笑ひ」の主体判定をします。直前の会話のカッコの前に「大臣」と主語が明記されているので、「大臣」が主語です。設問にあるように、大臣が権中納言を笑ったということです。次に波線部(Z)の直前の「など」に注目してください。この「など」は引用を表し、「と」と同じ働きをします。

「など」は同じことの言い換えを表す！

よって、カッコの中に権中納言の何を笑ったのかが書いてあるはずです。カッコの中を見ると「権中納言の」とありますので、間違いないと確認できます。

では、波線部(Z)の直前の会話を訳してみましょう。

なほ／権中納言／の／御／①心ばへ／の／②若々し／③さ／こそ／④あらたまりがたか／⑤めれ

①名 気立て。
②形「若々し」の終止形。おとなげない。
③接尾 形容詞などに付いて名詞を作る。
④形「あらたまりがたし」の連体形「あらたまりがたかる」の撥音便無表記。
⑤助動「めり」の已然形。婉曲［〜ようだ］（「こそ」の結び）

直訳▼やはり権中納言のご性格のおとなげなさは改まりがたいようだ

「**若々し**」は現代ではプラスの評価を表す言葉として使われますが、古文では**マイナスの評価**を表します。これを知っていれば、ア「**おとなげない競争心**」が**正解**とすぐにわかります。

古今異義語に要注意！

関連メモ 古今異義語の例

遊ぶ＝「詩歌管弦などを楽しむ」
行ふ＝「仏道修行をする」
ののしる＝「大声で騒ぐ」
おとなし＝「年配である。思慮分別がある」
むつかし＝「不快である。面倒である」
やさし＝「優雅である。けなげである」

6行目で権中納言が登場するので、その行動を整理しましょう。まずは前提として「上の寵愛が斎宮女御にますます向けられる」状況であることと、権中納言の性格が「かどかどしくいまめき（負けん気が強く現代風な）」と描かれていることを押さえておきます。

行動の一つ目は7行目「すぐれたる上手ども……御覧ぜさせたまふ」で、名人たちに優れた絵を描かせて娘の部屋で上に見せた、ということ。二つ目は10行目「わざとをかしう……領じたまへ」で、特に入念に描いた見事な絵は簡単には見せずに隠す、ということです。一つ目の行動だけなら、権中納言に対して「おとなげない」という評価にはなりませんが、二つ目の行動が問題です。**「人に見せないように隠す」という行動は子どものような態度**で、まさしく「おとなげない」ということです。これを「ば」と「と」に着眼して考えます。

読解ルール　「ば」の前に理由あり！

読解ルール　「て」「など」は同じことの言い換えを表す！

「惜しみ領じたまへば」の「ば」は原因、「大臣聞きたまひて」の「て」が言い換え、「など笑ふ」の「など」は「と」と同じで言い換えを表すので、これを簡潔にまとめると、「権中納言が惜しんで独り占めすることが原因で、それを聞いた大臣は『権中納言はおとなげない』と思って笑った」ということです。

リード文には「大臣の養女である斎宮女御と権中納言の娘の二人が競っている」とありますが、どちらかといえば父親同士のバトルです。自分の娘が帝に寵愛されることは自分の権力を確かなものにし、娘が子を産めばその子の祖父としての地位も手に入れることができるので、父親たちは必死です。劣勢を必死に挽回（ばんかい）しようとしている権中納言に対して、優勢な状況にある大臣は余裕の「笑い」ができるのです。

解答　ア

現代語訳

上はよろづのことにすぐれて絵を興あるものにおぼしたり。(a)たてて好ませ[尊敬・用]たまへばに[断定・用]

（冷泉）**帝**は何事にもまして特に絵を興味のあるものと思っていらっしゃる。格別に関心を寄せていらっしゃる

や[疑問(↓省)]、**二なく**描かせ[尊敬・用]たまふ。斎宮女御、いと**をかしう**描かせ[尊敬・用]たまひければ、

からであろうか、**またとなく上手に**お描きになる。斎宮の女御は、実に**見事に**お描きになったので、

(b)これに御心移りて、渡らせ[尊敬・用]たまひつつ、描きかよはさせ[尊敬・用]たまふ。

こちら［＝斎宮の女御］に（帝の）お心が移って、（斎宮の女御の局に）**いらっしゃって**は、（ご一緒に）絵をお描きになって

重要語句

□うへ【上】①身分の高い人。帝。②和歌の上の句。

□になし【二無し】比べるものがない。すばらしい。

□をかし ①すばらしい。美しい。②こっけいだ。

殿上の若き人々もこのこと(A)**まねぶ**をば、御心とどめてをかしきも

お心をお通わしになる。　若い殿上人たちもこの（絵を描く）ことを**習う**者については、特にお目をおかけになってすばらしい

断定・用　主格

の**に**おもほしたれば、まして、**をかしげなる**人**の**、**心ばへ**あるさまに(c)**まほならず**描

ものだとお思いになったので、　なおさらのこと、**かわいらしい**（この）方が、**風情**あるさまに**型にとらわれないで自由に**描き

存続・体

き**すさび**、**なまめかしう**添ひ臥してとかく筆うち**やすらひ**たまへ**る**御さま、(d)**らうたげ**

興じ、　（居ずまいも）**優美に**物に寄りかかって何かと筆を**とめて**考えていらっしゃるご様子、　（その）**かわい**

尊敬・用

さに御心しみて、　いと(e)**しげう**渡ら**せ**たまひて、(f)**ありしよりけに**御思ひまされ

らしさに（帝は）お心が惹かれて、たいそう**頻繁に**いらっしゃって、　**以前より際立って**ご寵愛が深まっていくの

存続・体　存続・体

るを、権中納言聞きたまひて、　あくまで**かどかどしくいまめき**たまへ**る**

を、　（弘徽殿の女御の父である）権中納言がお聞きになって、どこまでも**負けん気の強い現代風で**いらっしゃるご性格で

断定・用　推量・終　反語

御心**に**て、「我、人に劣り(X)**なむ** **や**」とおぼしはげみて、すぐれたる上手どもを召し

あって、　「自分が、人に負けるだろうか（いや、負けはしない）」と奮起なさって、（当代一流の）優れた名人たちをお呼び

断定・体

取りて、いみじくいましめて、**またなき**さま**なる**絵どもを、二なき紙どもに描き集

寄せになって、厳しく注意し（＝口外を禁じ）て、**またとなく**見事な絵の数々を、　最高の立派な紙に何枚も描き集め

使役・用　強意(↓)　断定・已(↑)

め**させ**たまふ。「物語絵**こそ**心ばへ見えて見どころあるもの**なれ**」とて、**おも**

させなさる。　（権中納言は）「とりわけ物語絵は（その）意味がわかって見ごたえあるものだな」とおっしゃって、**気持ち**

使役・用　打消・体

しろく心ばへあるかぎりを選りつつ描か**せ**たまふ。例の月次の絵も、見馴れ**ぬ**さま

を引きつけて興趣豊かな物語を選んではお描かせになる。　あの（よく知られている）月次の絵も、目新しい

□わたる【渡る】①渡る。移る。②ずっと〜する。

□まねぶ【学ぶ】①まねる。②そのまま伝える。③勉強する。

□をかしげなり　かわいらしく趣がある。

□こころばへ【心ばへ】①気配り。②風情。③気だて。

□まほなり【真秀なり】よく整っている。完全な。

□すさぶ【遊ぶ・荒ぶ】①気の向くまま楽しむ。②気の向くままに〜する。

□なまめかし【生めかし】①上品で優美だ。②若々しくみずみずしい。

□やすらふ【休らふ】①ためらう。②立ち止まる。

□らうたげなり【労たげなり】かわいらしい。

□しげし【繁し・茂し】多い。絶え間ない。

□ありし【在りし・有りし】①以前の。②生前の。

□けに【異に】いっそうまさって。

□かどかどし

に、言の葉を書きつづけて御覧ぜ**させ**[使役・用]たまふ。

感じに、詞書を書き連ねて（権中納言の娘の局で、帝に）お目におかけになる。

(Y)わざとをかしうしたれば、

特にすばらしい趣向を取り入れて描いてあるので、もう一度こちら〔＝権中納言の娘の局〕でこの絵をご覧になろうとしても、（権中納言は）そう簡単にはお取り出しにな

またこなたにてもこれを御覧ずるに、心やすくも(B)取り出でたまはず、

らないで、ほんとうにたいそう秘密にしていて、（帝が）こちらの（斎宮の）女御のほうにお持ち出しになるのを惜しがって独

いといたく秘めて、この御方へ持て渡ら**せ**[尊敬・用]たまふを惜しみ領じたまへば、

り占めになさるので、（源氏の）大臣が（このことを）お聞きになって、「やはり権中納言のご性格の**おとなげなさ**は変わりにく

大臣聞きたまひて、「なほ権中納言の御心ばへの若々しさ**こそ**あらたま[形(撥無)]**りがたかめれ**[婉曲・已(↑)]」など(Z)笑ひたまふ。

いようだ」などとお笑いになる。

〔出典：『源氏物語』絵合〕

□【才オし】才気ある。

【角々し】とげとげしい。

□いまめく【今めく】現代風である。

□またなし【又無し】二つとない。

□おもしろし【面白し】①すばらしい。美しい。風流だ。②おもしろく興味がある。③晴れ晴れとして明るい。

□わざと　①わざわざ。特に。②本格的に。

□わかわかし【若々し】子どもっぽい。幼稚だ。

4 物語

日本女子大学 堤中納言物語

作品解説 ■ 平安時代後期に成立したと思われる短編物語集。「逢坂越えぬ権中納言」は小式部によって書かれたことがわかっているが、その他の作者は不明。「虫めづる姫君」「このついで」など独立した十編からなる。どれも人生の断片を、滑稽を基調に描いている。

別冊（問題）p. 26

解答

問	解答	配点
問一	4	2点
問二	ア 4　イ 2　ウ 2	2点×3
問三	少将の求愛に応じて恋の手紙のやりとりをすること。	6点
問四	C 誰の→5　誰に→1 D 誰の→1　誰に→2	2点×4
問五	4	4点
問六	① 秋と飽き　② 枯れと離れ（①と②は順不同）	1点×4

合格点 22／30点

問題文の概要

あらすじ ● 大納言の二人の娘は万事に優れた様子に成長したが、両親が亡くなってしまい、寂しい暮らしをしていたところへ、右大将の御曹司の少将が、姫君に求婚の手紙をよこした。色恋沙汰など思いもよらない姫君であったが、若い女房の手引きで少将と契りを交わしてしまう。少将の父の反対にあって、少将の訪れが途絶え、姫君は悲しみを歌に詠み、それを見た少将も歌を返した。

内容解説 ● 落ちぶれた姫君のもとに高貴な男性が通うという典型的な状況設定で物語が始まります。一方的に始まった関係でしたが、姫君の心が少将に惹かれていき、訪れが途絶えると、姫君が嘆いて歌を詠み、少将がそれに応えるのも型どおりの展開です。

設問解説

問一 文法（「に」「ぬ」「ね」の識別）

●「に」の識別●→30ページ参照

●「ぬ」の識別●
・未然形に接続 →打消の助動詞「ず」の連体形
・連用形に接続 →完了の助動詞「ぬ」の終止形

●「ね」の識別●
・未然形に接続 →打消の助動詞「ず」の已然形
・連用形に接続 →完了の助動詞「ぬ」の命令形

まずは傍線部Aの「に」を前後も含めて品詞分解します。

かくれ ─ 給ひ① ─ に ─ しか② ─ ば
① 補動「給ふ」の連用形。尊敬［〜なさる］
② 助動「き」の已然形。過去［〜た］

連用形＋「に」＋「き」の形になるので、A「に」は完了の助動詞「ぬ」**の連用形**です。

では、選択肢を順に見ていきます。

二重傍線部1 直前の「思しよら」が四段活用動詞の未然形なので、「ぬ」は打消の助動詞「ず」の連体形です。

二重傍線部2 直前の「べき」は助動詞「べし」の連体形で、直後の「あら」はラ変動詞「あり」の未然形です。「〜である」と訳すことができるので、「に」は断定の助動詞「なり」の連用形です。

二重傍線部3 二重傍線部2で解説しましたが、直前の「あら」は未然形なので、「ね」は打消の助動詞「ず」の已然形です。

二重傍線部4 直前の「つもり」が四段活用動詞「つもる」の連用形なので、「ぬる」は完了の助動詞「ぬ」**の連体形で、これが正解**です。

二重傍線部5 助動詞「やうなり」の連用形「やうに」の活用語尾です。「やうなり」は「〜ようだ」の意味を表す比況の助動詞ですが、元は名詞「やう」に断定の助動詞「なり」がついたものです。

解答 4

問二 語句の意味

傍線部ア「はかばかしく」の終止形「はかばかし」は着々と成果が現れていく様子を表し、選択肢3以外すべての意味を持っているので、本文から根拠を探します。直後の「御乳母だつ人もなし」とは、「乳母のような役割をする人もいない」の意味なので、これとつなげて意味が通るものを選びます。乳母の役割は「姫君の養育」で、養育をする人のさまを表しているのは、「しっかりとして」となります。1の「はきはきとした」は話し方などに用い、2の「てきぱきとした」は物事の処理などに用います。よって、正解は4となります。

傍線部イ「ゆるしなく」の「ゆるし」には「許し」と「赦し」があるので、選択肢の1「許可なく」か2「容赦なく」のどちらかの意味になります。やはり、本文から根拠を探します。傍線部イの直後の「のたまへば」は、少将が両親を亡くした姫君のところへ通っていることを聞いた**少将の父の発言**です。

読解ルール 「など」は同じことの言い換えを表す!

傍線部イの直前の「など」は引用の「と」と同じ働きで、言い換えを表すので、少将の父の発言＝「ゆるしなく」となり、少将の父の発言内容がわかれば「ゆるしなく」がわかるということです。「人のほどなど……心ぼそきところに」を訳します。

> 「人のほど」＝身分。
> くちをし 形 不足だ。残念だ。
> 「何かは」＝疑問［どうして］

直訳すると、「身分は不足なはずはないけれど、どうして心細いところに（通うのか）」の意味で、「どうして」という疑問文の形で非難の気持ちを表しています。つまり、父親は息子の行動に反対しているということです。父が発言することは「許可」を必要とするものではないので、「許可なく」は文意に合いません。

読解ルール 「ば」の前に理由あり!

「のたまへば」の下の「思ふほどにもおはせず」は、「少将が思うほどには姫君のところへお出かけにならない」という意味で、父の発言が少将にとって手厳しい（容赦ない）ものだったから思うように姫のところへ行けなかったということです。よって、正解は2「容赦なく」となります。

傍線部ウ「おどろき」の終止形「おどろく」には「目ざめる」「びっくりする」の意味があるので、1「びっくりして」か2「目をさまして」のどちらかの意味になります。本文を見ます。前の文の「更け」と「うたたね」は、「夜が更けてうとうと寝ていた」ということなので、寝ていた女房たちが目をさましたのだと判断できます。よって、正解は2「目をさまして」となります。

解答 ア 4　イ 2　ウ 2

問三 **解釈（指示内容）** 難

「かやう」は「このよう」という意味、「筋」は「その方面の事柄」という意味で、傍線部Bを直訳すると「このような方面の事柄」となります。

着眼点 **傍線部の前後に根拠あり！**

「このような」の指示する内容を傍線部の前後から判断します。

傍線部Bの前の「いとせちに聞こえわたり」の「聞こえ」は「言ふ」の謙譲語ですが、**「言ふ」には「言い寄る・求婚する」という意味**があります。そして当時の求婚は手紙（和歌）ですから、ここは、「少将が求婚の手紙を熱心によこしたけれど」ということです。それに続く「かやうの『筋』……思しかけざりし」は、「このような方面のことは思いもよらないことで、ご返事なども思いつきもしなかった」の意味で、「思しよらぬ」の**主語は、少将から求婚された姫君です**。「このような方面のこと」は、少将が求愛の手紙（歌）をよこしたことを受けているので、「恋愛ごと」を指すとわかります。「恋愛ごとなど思いもよらないことで、返事をすることなど思いつきもしない」ということです。設問に「具体的に」と指示があるので、「少将の求愛に応じて恋の手紙のやりとりをすること。」とします。

解答 **少将の求愛に応じて恋の手紙のやりとりをすること。**

配点 少将の求愛に応じて……………………3点
恋の手紙のやりとりをすること…………3点

問四 **主体・客体の把握**

傍線部C 傍線部を訳します。

①みちびき ─ ②聞こえ ─ ③て ─ ④けり

① 動【導く】案内する。手引きをする。
② 補動「聞こゆ」の連用形。謙譲［～申し上げる］
③ 助動「つ」の連用形。完了［～た・～てしまった］
④ 助動「けり」の終止形。過去［～た］

直訳 ▼ 案内申し上げてしまった

「みちびき」の主語は前にある「少納言の君とて、いといたう色めきたる若き人（少納言の君といって、非常に色事好きな若い女房）」です。「聞こえ」は謙譲の補助動詞で、「導く」という行為の受け手への敬意を表しますが、本文では姫君にも少将にも敬意が表されているので、敬語だけを根拠に客体を判断することはできません。「二所おほとのごもりたる所」は、注3から「二人の姫君が休んでいらっしゃる所」なので、**若い女房が二人の寝所へ「誰か」を案内した**ということです。「寝室」

に案内するという状況から、求婚している「少将を」案内したと考えるのが妥当です。よって、正解は5「少納言の君」の1「少将」に対する行為となります。

姫君は歌のやりとりすら拒んでいるのに、色事好きな若い女房が少将を何の連絡もなく姫君たちの寝室に連れて行ったということです。

関連メモ　人物を表す言葉

「所」が人数を表すように、「場所を表す言葉」には「人物を表す」場合があります。

上＝「高いところ」→「天皇」「貴人の妻」
御門＝「門の尊称」→「天皇」
院＝「大邸宅」→「上皇」「女院」
殿＝「貴人の邸宅」→「貴人や主君」「摂政・関白」
御息所（みやすどころ）＝「天皇の御休憩所」→「天皇の妻」
御所＝「天皇の御座所」→「天皇」
ここ＝「話し手に近い所」→「私」
そこ＝「話し手の側」→「あなた」

傍線部D　傍線部を訳します。

見―①たてまつり―②給ふ

① 補動【奉る】の連用形。謙譲［〜申し上げる］
② 補動「給ふ」の終止形。尊敬［〜なさる］

直訳▼ 見申し上げなさる

「たてまつり」は「見」という行為の客体への敬意を表し、「給ふ」は主体への敬意を表しますが、本文では姫君と少将どちらにも敬意を表しているので、敬語だけで主体と客体を判断することはできません。ここは、若い女房に手引きされた少将が姫君のところに通うようになった後の話で、傍線部Dの直前に「昼などおのづから寝すごし給ふ折（昼などにたまたま寝過ごしたとき）」とあるので、**少将と姫君が夜を共にして昼まで寝過ごしたという状況です**。直後に「いとあてにらうたく（とても上品でかわいらしく）」とあります。これは姫君の容貌の描写なので、「見る」の主語は少将、見られたのは姫君だと判断できます。よって、正解は、1「少将」の2「姫君」に対する行為となります。

「見る」という行為は現代とはまったく意味が異なります。男性は女性の顔を見ることはまずありませんし、契りを結ぶのも夜の暗闇の中です。夜に通ってきて朝帰るという恋愛形態では女性の顔をはっきり見ることはなかなかできません。ですから、「見る」という語には「結婚する」という意味があるのです。

解答　C 誰の↓5　誰に↓1　D 誰の↓1　誰に↓2

問五　内容説明 難

まずは、傍線部を品詞分解して直訳します。

君｜も｜①しばし｜②こそ｜③忍び｜すごし｜④給ひ｜⑤しか、｜⑥さすがに｜⑦さ｜のみ｜は｜⑧いかが｜⑨おはせ｜⑩む

① 副 しばらく。
② 係助 強意
③ 動「忍ぶ」の連用形。じっとこらえる。秘密にする。
④ 補動「給ふ」の連用形。尊敬［〜なさる］
⑤ 助動「き」の已然形。過去［〜た］
　＊こそ…已然形、＝逆接の用法［〜けれど］
⑥ 副 そうはいってもやはり。
⑦「さのみ」＝そうばかり。
⑧ 副 反語［どうして〜か、いや〜ない］
⑨ 動「おはす」いらっしゃる。「あり」の尊敬語。
⑩ 助動「む」の連体形。推量［〜だろう］

直訳▼君もしばらくは忍んで過ごしなさったが、そうはいってもやはりそうばかりしていらっしゃるだろうか、いやそうもしていられないだろう

これを踏まえて選択肢を見ると、「君」が誰を指すのか、「そうもしていられなくて」の後どうなったのか、この2点がポイントだとわかります。

傍線部Iの直前の「思ふほどにもおはせず」は、**問二**で見たように父親の容赦ない言葉を受けた少将が、「姫君のところへ思うように通って行くことができない」という意味で、主語は少将です。もし少将の主語が継続するなら、「君も」と改めて書く必要はないので、「君」は少将以外の人物です。傍線部の「忍び」の意味から選択肢2の「こっそりとしのんで通っていたが」を選んでしまいそうですが、主語が間違っているので、除くことができます。その他の主語の判定は難しいので、そうもしていられなくて、**どうなったのか**を見ます。

着眼点　傍線部の前後に根拠あり！

傍線部の直後に「どうなった」のかが書いてあります。「ややうちなびき」は、「しだいに心を寄せる」の意味であることと、その様子は「らうたく（可憐(かれん)だ）」と述べていることから、「うちなびき」の主語は「姫君」だと判断できます。**しばらくの間は「忍びすごし」の状態だったのが、そうもしていられなくて、「ややうちなびき」という状態に変化した**ということなので、「忍びすごし」の主語も「姫君」と判断できます。

よって正解は、4「姫君はしばらくの間は少将に対してかたくなだったが、そうもしていられなくて、少将にうちとけるよ

うになったこと。」です。

「うちなびく」を「うちとける」とするのはまだしも、「忍びすごし」を「かたくなだった」とするのはなかなか難しいと思います。「忍ぶ」の単語の意味だけで考えると**2**「こっそりしのんで」を選んでしまいそうですが、「うちなびき」と対比関係にあることに気づけば、主語もわかり、正しい答えに到達できます。ちなみに傍線部Ⅰの直後の「さるべき」は「そうなるはずの前世の因縁」の意味です。姫君は、少将との関係を宿命だと諦めることで、うちとけていったのです。

解答 4

問六　和歌の修辞

掛詞(かけことば)は一つの言葉に二つの漢字の意味を持たせる技法です。掛詞になりうる言葉はたくさんあるので、全部を暗記することはなかなか困難です。頻出の掛詞は暗記するにしても、基本的には掛詞は暗記するものではなく、本文から読み取るものだと理解してください。「ひらがなで書かれているところが掛詞になる」と考えるかもしれませんが、Ⅱの和歌はすべてひらがななので、今回は参考にはなりません。**歌が詠まれた状況説明の中に、歌の内容を理解するための情報が必ずある**はずです。

では、「誰」が、「どんな状況」で、「どのような気持ち」を詠んだのか、本文を見ましょう。**問五**で見たように、姫君は少将にうちとけ心を寄せるようになってきたところです。14行目の「人の御心もいと頼みがたく、いつまで」は、「男の心は頼りにならないので、この関係はいつまで続くのか」と姫君が不安に感じているということです。そんな折に起きたのが、「四五日いぶせくてつもりぬる」です。これは「四、五日間少将が通ってこなくて憂鬱な日が続いた」ということです。これに続いて、姫君は心細くなり、「御袖ただならぬ」は涙をひどく流したということです。これで、歌の詠まれた状況がはっきりしました。

・誰＝姫君が、
・どんな状況＝少将が通ってこない日が続いた状況で、
・どんな気持ち＝心細い気持ちを詠んだもの。

これを踏まえて、和歌を見ましょう。「ひとごころ」は「少将の気持ち」です。**少将が通ってこなくなったことから「かれ」は「離れ」で、「あき」は「飽き」**だと判断できます。そして、「かれ」には「枯れ」の意味があることから、「あき」は草木の枯れる「秋」だと判断できます。よって、正解は、「秋」と「飽き」、「枯れ」と「離れ」となります。この掛詞は基本中の基本ですから暗記しておきましょう。

着眼点

和歌の自然描写や小道具に修辞あり！

この歌を見た少将の返歌も解説します。「ときは」は「常磐（ときわ）」で、「常緑」の意味です。「しのぶ」は常緑の草「忍草（しのぶぐさ）」と「偲（しの）ぶ」がかかっています。「秋になって葉の色が変わる」ことに「心変わり」、「常緑の忍草」に「心変わりしない」意味を持たせ、「私のあなたへの気持ちは常緑の忍草のように変わりません」と訴えているのです。下の句の「かれゆくあき」は「ひとごころ」の歌の掛詞のヒントになります。贈答歌が設問になっている場合は、もう片方の歌がヒントになります。

解答 ① **秋と飽き** ② **枯れと離れ**

関連メモ **掛詞の例**

- **あま** 「天」と「尼」
- **いく** 「行く」と「生く」
- **うさ** 「宇佐」と「憂さ」
- **おく** 「置く」と「起く」
- **かみ** 「神」と「紙」
- **きく** 「菊」と「聞く」
- **すむ** 「澄む」と「住む」
- **たつ** 「立つ」と「裁つ」
- **ながめ** 「長雨」と「眺め」
- **ね** 「根」と「寝」と「音」

現代語訳

大納言の姫君、二人ものし給ひし（過去・体）、まことに物語にかきつけたる有様に劣るまじく、

大納言の姫君は、二人いらっしゃったが、本当に物語に（すばらしく）描かれた（姫君の）様子に劣りそうもないほど、

何事につけても**生ひ出で**給ひし（過去・体）に、故大納言も母上も、うちつづき**かくれ**給ひ A に（完了・用）し

万事につけて（ご立派に）**成長**なさったが、父の大納言も母上も、続いてお**亡くなり**になってしまったので、

重要語句

□おひいづ【生ひ出づ】①生まれ出る。②成長する。

□かくる【隠る】①隠れる。②亡くなる。

4

かば、いと心ぼそきふるさとにながめすごし給ひしかど、ア はかばかしく御乳母だつ
たいそう心細い**故大納言邸**で**物思いがち**に過ごしていらっしゃったけれども、**しっかりとして**乳母のような役割を

人もなし。ただ常に候ふ侍従・弁などいふ若き人々のみ候へば、年にそへて
する人もいない。ただいつも（姫君の）側近くに仕える侍従・弁などという若い女房だけがお仕えしているので、年が経(た)つにつれ

人目まれにのみなりゆくふるさとに、いと心ぼそくておはせし（過去・体）に、右大将の御
て**人の出入り**も少なくなっていくばかりのお住まいに、ひどく心細い気持ちで暮らしていらっしゃったところ、右大将の御曹司

子の少将、知る**よし**ありて、いと**せちに**聞こえわたり給ひしかど、B かやうの筋はか
の少将が、（この姫君たちを）知る**つて**があって、とても**熱心に**求婚をお続けなさったが、姫君にとってこのよう

けても思しよら1ぬ（打消・体）事にて（断定・用）、御返事など思しかけざりし（過去・体）に、
な色恋の方面のことはまったく思い寄りなさらないことであって、（恋文に）お返事をすることなどは思いつきなさりもしなかっ

少納言の君とて、いといたう色めきたる若き人、何の**たより**もなく、二所おほとの
たが、少納言の君といって、たいそうひどく色好みの若い女房が、何の**知らせ**もなく、二人の姫君がおやすみになっ

ごもりたる所へC みちびき聞こえて（完了・用）けり。
ているところへ 少将をご案内申し上げてしまった。

もとより御**志**ありける事にて（断定・用）、「姫君」をかき抱きて、御帳のうちへ入り給
少将は元々（姉の姫君に対して）**愛情**をお持ちであったので、姉の姫君を抱きかかえて、御帳台の中へお入りになった。

ひに（完了・用）けり。思し**あきれ**たるさま、例の事なれ（断定・已）ば書かず。おしはかり給ひに（完了・用）し（過去・体）も
姉君が**あっけにとられ**た様子は、物語などによくあることなので書かない。想像なさっていた以上に、（姉君

□ふるさと【古里・故郷】①昔の都。②実家。③田舎。里。

□ながむ【眺む】①もの思いに沈んで、ぼんやりと見る。②見渡す。ながめる。【詠む】詩歌などをつくって口ずさむ。

□はかばかし【果果し・捗捗し】①しっかりしていて頼もしい。②てきぱきしている。

□ひとめ【人目】①人の見る目。②人の出入り。

□よし【由】①理由。②事情。③由緒。④方法。⑤つて。⑥情趣。

□せちなり【切なり】ひたすらである。しきりである。

□たより【頼り・便り】①よりどころ。縁故。②よい機会。ついで。③手段。④ぐあい。配置。⑤知らせ。

□こころざし【志】①誠意。愛情。②お礼の贈り物。

□あきる【呆る】①どうしてよいか迷う。②あっけにとられる。

過ぎて、あはれに思さるれば、うち忍びつつかよひ給ふを、父殿聞き給ひて、「人のほ

のことが）愛しく思われなさるので、少将が人目を避けてはお通いになるのを、父の右大将殿がお聞きになって、「身

どなど、くちをしかるべき に[2 断定・用]はあら ね[3 打消・已]ど、何かは[疑問(↓省)]いと心ぼそきところに」など、

分は、不足があるはずではないけれど、どうしてたいそう心細い暮らしぶりの（女の）ところに（通うの

ゆるしなく[イ]のたまへば、思ふほどにもおはせず。　君もしばし[I]

か）」などと、容赦なくおっしゃるので、少将は（愛しく）思うほどには（姉君のところへ）お出かけにならない。姉君のほうもし

こそ[強意(↓)]忍びすごし給ひしか[過去・已(↑)]、さすがにさのみはいかが[反語(↓)]おはせむ[推量・体(↑)]。

ばらくは少将を避けるようにしてかたくなにお過ごしになっていたが、やはりそうした気持ちのままどうしていらっしゃること

さるべきに思しなぐさめて、やうやううちなびき給へる[存続・体]さ

ができようか（いや、できない）。（これも）前世の因縁だと心をお慰めになって、しだいに少将にうちとけなさっている様子は、

ま、いとどらうたくあはれなり。　昼などおのづから寝すごし給ふ折、見[D]

（初めの頃より）いっそうかわいらしくしみじみと心惹かれる。　昼などにたまたま寝過ごしなさるとき、（姉

たてまつり給ふに、いとあてにらうたく、うち見るより心苦しきさまし給へり。　何

君のお顔を）拝見なさると、とても上品でかわいらしく、見るからに心が苦しくなる（ほどいじらしい）様子をなさっている。（姉

事もいと心憂く、人目まれなる御住まひに、　人の御心もいと頼みがたく、いつまで

君は）何事につけてもたいそうつらく、人の出入りもまれなお住まいで、少将の愛情もいっこうに頼りにならず、「いつまで続く

とのみながめられ給ふに、　四五日いぶせくてつもりぬる[4 完了・体]を、思ひし[過去・体]事か

恋だろう」とばかりつい物思いに沈んでいらっしゃるが、四、五日少将の訪れがなく憂鬱な思いが積もるのを、「思った通りだ」と

□ひとのほど【人の程】身分。品格。

□くちをし【口惜し】①残念だ。②身分がつまらない。物足りない。

□なにかは【何かは】何が～か（疑問・反語の意味を伴う）。

□ゆるしなし【許し無し】許可がない。【赦し無し】容赦がない。

□さすがに　そうはいってもやはり。

□さるべき【然るべき】①それにふさわしい。②そうなるのが当然だ。そうなる前世の因縁だ。③立派な。

□やうやう【漸う】①しだいに。②やっと。

□うちなびく　①人が横になる。②心が寄せられる。

□らうたし【労たし】かわいらしい。

□おのづから【自ら】①自然に。②たまたま。③もしかすると。

□あてなり【貴なり】①身分が高く高貴である。②上品だ。

□こころぐるし【心苦し】①心が苦しい。つらい。②気の毒だ。③気がかりだ。

なと心ぼそきに、御袖ただならぬを、我ながらいつ習ひけるぞと思ひ知られ給ふ。

心細くて、お袖が涙でたいそう濡れるのを、自分でも「（こうした物思いを）いつ習ったのか」と（嘆きのわけを）おわかりになっている。

Ⅱ ひとごころ　あきのしるしの　かなしきに　かれゆくほどの　けしきなりけり

あの人の心に、秋のきざしのように、私に飽きたきざしが見えるだけでも悲しいのに、今はもう秋が深まって枯れていく情景であるように、あの人が私から離れていく様子であることです。

「など手習ひに馴れにし心なるらむ」などやうにうちなげかれて、やうやう更け行けば、ただうたたねに御帳の前にうち臥し給ひにけり。少将、内裏より出で給ふとておはして、うち叩き給ふに、人々ウおどろきて、「中の君」起こし奉りて、わが御方へ渡し聞こえなどするに、やがて入り給ひて、「大将の君のあながちにいざなひ給ひつれば、初瀬へ参りたりつる」ほどの事など語り給ふに、ありつる御手習ひのあるを見給ひて

「どうして慰みに歌を書きつけるのが習いになってしまった心なのだろうか」などというようについため息をついて、しだいに夜が更けて行くので、ただうたた寝のつもりで御帳台の前にふしてしまわれた。少将は、宮中から退出なさるということで（姫君の邸に）いらっしゃって、門をお叩きになると、女房たちは目を覚まして、妹の姫君をお起こし申し上げて、中の君のお部屋へお連れ申し上げたりするうちに、少将はすぐに姉君の部屋へお入りになって、「大将の君が無理にお誘いになったので、初瀬（＝長谷寺）へ参詣した」ときのことなどお話しなさるが、先ほどの（姉君が）慰みに書きつけた歌があるのをご覧になって

□こころうし【心憂し】①つらい。いやだ。②わずらわしい。③うらめしい。

□いぶせし　①うっとうしい。②気がかりだ。

□ただならず【徒ならず】①心が穏やかでない。②並ではない。③（ただならずなる）妊娠する。

□おどろく【驚く】①目を覚ます。②はっと気がつく。

□あながちなり【強ちなり】①むやみだ。②一途である。③強引だ。

□ありつる【在りつる】さっきの。前述の。例の。

□はづかし【恥づかし】①恥ずかしく気づまりだ。②（こちらが恥ずかしくなるほど）立派だ。

疑問（↓）　四動・体（↑）

ときはなる　のきのしのぶを　しらずして　かれゆくあきの　けしきとや　おもふ

いつも緑の色を変えない軒の忍草のように、私が変わらずにあなたを思い慕っていることを知らないで、草木の枯れる秋のように私があなたに飽きて離れて行く様子だと思っているのですか。

存続・体

と書き添へて見せ奉り給へば、　いと**はづかしう**して、御顔引き入れ給へる

と（姉君の歌の傍らに）書き添えてお見せ申し上げなさると、（姉君は）たいそう**きまり悪く**思って、（袖に）お顔をお隠しにな

さま、　いとらうたく児めきたり。

る様子が、本当にかわいらしくあどけない。

［出典：『堤中納言物語』思はぬ方にとまりする少将］

5 物語

中京大学 栄花物語

作品解説■ 平安後期の歴史物語。作者は未詳。宇多天皇から堀河天皇に至る十五代約二百年間の歴史を編年体で記述する。藤原道長の栄華を中心に、宮廷における儀式などが物語風に描かれている。

別冊（問題） p. 32

解答

問一	問二	問三	問四	問五	問六
2	4	きちんと着用して	5	あないみじ〜くありけん	たち・立ち・裁ち
4点	6点	5点	4点	5点	2点×3（「立ち」と「裁ち」は順不同）

合格点 20／30点

問題文の概要

あらすじ● 長谷に籠もって正月を迎えた藤原公任のところへ、息子の弁の君が訪れる。息子の立派な姿に父親としての満足感を覚えながらも、出家を決意している身にはそれがかえって執着心をさそう。息子が帰ると、公任は僧都を呼んで念願の出家を果たした。公任の出家を伝え聞いた道長と和歌を贈答した。

内容解説● 各段落が「かくて」で始まり、主人公の公任を中心に、三人の人物が順番に登場するという構成になっています。第一段落では息子、第二段落では僧都、第三段落では御堂（＝道長）が登場し、出家前後の公任の様子や心情が描かれています。

設問解説

問一　和歌の解釈

ポイントは反実仮想の助動詞「まし」です。まずは傍線部A「山里いかで春を知らまし」を訳します。「山里」は「知ら」の主語ではなく、場所を表しています。

> 山里｜いかで①｜春｜を｜知ら｜まし②
>
> ①副　反語［どうして〜か、いや〜ない］
>
> ②助動　反実仮想（「〜ましかば…まし」「〜せば、…まし」の形で、「もし〜としたら…だろうに」の意味になる）
>
> 直訳▼山里でどうして春を知るだろうか、いや知らない

「まし」が反実仮想の助動詞であると気づけば、上の句には仮定条件がないといけません。選択肢で仮定条件を含んでいるのは、2「鶯(うぐひす)の声なかりせば雪消えぬ」しかありませんので、2が正解になります。

この「鶯の声なかりせば雪消えぬ山里いかで春を知らまし」（拾遺和歌集(しゅういわかしゅう)・春）の歌は入試頻出の歌なので、解説をします。

> 鶯の‖声‖なかり①｜せ②｜ば③‖雪‖消え｜ぬ④‖山里‖いかで‖春を知らまし
>
> ①形「なし」の連用形。存在しない。ない。
>
> ②助動「き」の未然形。過去［〜た］
>
> ③未然形＋ば＝順接仮定条件を表す。
>
> ④助動「ず」の連体形。打消［〜ない］
>
> 直訳▼鶯の声がなかったならば、雪の消えない山里では、どうして春の訪れを知ることができようか、いや、できないだろうに。

これは、「鶯の声を聞くことで雪の残る山里でも春の訪れを知ることができる」ということを詠んだ歌です。

古文では、十二月までは冬で、一月一日から春になります。たった一晩で、冬から春に季節が変わってしまうのですが、奥山に住む公任は春霞(はるがすみ)を見て、この歌を口ずさんだのです。

解答　2

> **関連メモ　鳥と季節**
>
> **鶯（うぐいす）**　→　春の訪れを告げる鳥
>
> **時鳥（ほととぎす）**　→　夏の訪れを告げる鳥・冥界から来る鳥
>
> **雁（かり）**　→　秋になると北から来る鳥

問二　人物の把握

まずは選択肢を見ましょう。**1**「上司と下司」、**2**「学問の師と学生」、**3**「義父と娘婿」、**4**「父と子」、**5**「大納言と勅使」。本文中に関係性を判断できる明らかな表現があればよいのですが、おそらくないから設問になっているのでしょう。二人がどのような対面をするのか、どんなことを思うのか、そのあたりにヒントがありそうです。

では、本文から二人の関係を示唆する言葉を探していきます。まずは、弁の君が登場するところです。3行目「弁の君参りたまへり」です。「参り」は謙譲語で「公任」への敬意を表し、「たまへ」は尊敬語で「弁の君」への敬意を表します。作者は二人に敬意を表しているので、どちらも身分の高い人物であるとわかります。次の「思ひかけぬほどのことかな」は公任の気持ちで、弁の君の訪問が思いがけないものであったことがわかります。続く、「御前(おまへ)に出でて拝したてまつりたまふ」は、「弁の君」が「公任」に新年のご挨拶を申し上げなさったということです。ここまででは、二人の関係はよくわかりません。

さらに読み進め、6行目の「光るやうに見えたまふ」は、**問四**で解説しますが、「公任」には「弁の君」が光るように見えた、ということです。「光るように」という表現は、『源氏物語(げんじものがたり)』の主人公の美男子「光源氏(ひかるげんじ)」からもわかるように、最高の賛辞です。ですが、やはり二人の関係を決定するほどの根拠にはなりません。

読解ルール　会話文や引用文は、引用の「と」に着目せよ！

では、その続きです。「あないみじ」は形容詞の語幹の用法の感嘆文なので、地の文には出てこない表現です。よって、ここから会話文が始まると判断できます。**問五**の解説を先取りしてしまいますが、引用の「と」に着眼して心内語をまとめると、以下のようになります。

> 「あないみじ、これを人に見せばや」**と**
> 「見る甲斐(かひ)あり、めでたのただ今の有様や」**と**
> 「人の子にて見んに……いかでかくありけん」**と**……思さるる

この三つの引用文は光るように見えた弁の君を見た公任の心内語だと判断できます。

まずは最初と二つ目の心内語ですが、光るように見えた弁の君に対する言葉なので、「あないみじ」はプラスの意味です。そして「これを人に見せたい」「すばらしい有様だ」とべた褒めしています。ここで、なんとなく二人の関係は見えてきます。あまりにもすばらしいから人に見せたいという感情は、どういう関係にある人に対して抱く感情でしょうか。「上司と下司」、「大納言と勅使」では、そんな気持ちになるでしょうか。もっと親しい関係にあるのではないでしょうか。でも決定的な根拠にはなりません。

では、三つ目の心内語を見ます。「人の子にて見んに、うらやましくも、持たらまほしかるべき子なりや」の「ん（む）」は下に助詞「に」があるので、意味は仮定です。「まほしかる」は願望の助動詞です。「もし他人の子として見たならば、うらやましく、持っていたい子であるよ」という意味です。この仮定条件がポイントです。**「他人の子だったら」という仮定は、「他人の子ではない」という現実があって成り立つ表現です。**「他人の子」の対義語は「我が子」です。これで、「公任」と「弁の君」の関係がわかりました。「親子」です。よって、**4**「父と子」が正解です。

選択肢を見ないで本文を読んだ人で、「弁の君」を公任の愛人だと思った人はいませんか。光るような美しい愛人がわざわざ山奥まで訪ねてくれた、人に見せびらかしたい、と読んでしまう人は少なくありません。人物関係を間違えるととんでもない話になってしまうことがあります。妄想を暴走させないためにも、しっかりと人物関係を把握することが重要です。

ちなみに、弁の君の性別の根拠は、わかりますか。三つ目の心内語の最後に「身の才（ざえ）」という言葉がありますが、これは男子の学問のことですから、弁の君が男性だと判断できます。

関連メモ　才（ざえ）と大和魂

「才」とは、「学問・漢学」の意味で、平安時代において、出世を目指す男性に必要な漢学の才能のことです。才能といっても生まれ持った能力ではなく学習によって習得するものです。「才」と対比されるのは、「大和魂（やまとだましひ）」で、日常的な知恵や処世上の才覚のことを言います。「才」「大和魂」ともに優れた人物が高い地位を保つことができると考えられました。

ここまで読み取ることができればパーフェクトです。公任は「我が子」を見て、「すばらしい、人に見せたい。もしこの子が他人の子だったら、うらやましいほどの子だ」などと言っているわけです。親というものは立派な我が子を自慢したいと思うものなのかもしれませんが、ちょっと褒めすぎとは思いませんか。これには事情があります。**問六**で解説しますが、公任は息子と対面した数日後に出家をします。出家は世俗を捨てることですから、息子との縁を断ち切ろうとしている公任の目には、実際以上にすばらしく感じられたのかもしれません。

解答　4

問三　現代語訳（解釈）

ポイントは「うるはし」の意味です。設問に「文意に即して分かり易く」と指示があるので、これは解釈問題と言えます。まずは品詞分解、直訳します。

> うるはしう[①]｜し[②]｜て[③]
>
> ① 形「うるはし」の連用形「うるはしく」のウ音便。きちんと整ったさまを表す。
>
> ② 動「す」の連用形。する。
>
> ③ 接助 単純接続［〜て］
>
> 直訳 ▼ きちんとして

着眼点　傍線部の前後に根拠あり！

「何を」きちんとしていたのか、本文から根拠を探します。前に「御装束持たせたまへりける」とあります。これは、弁の君が長谷にやってくるときに、お正月の挨拶用の装束を用意していた、ということで、傍線部Cの直前の「隠れの方（かた）」とは「人目につかぬ所」の意味で、そこで着物を着替えたということです。よって、「きちんとして」とは「きちんと衣装を身につけて」、という意味です。十字以内と指示があるので、「きちんと着用して」などと訳して正解です。

解答　きちんと着用して（8字）

配点　「うるはしう」の意味……………………2点

「着用して」などの訳……………………3点

問四　解釈

まずは、傍線部D「人なかのをりの御住居（すまゐ）」を直訳します。「人なか」は「大勢の人の中」の意味、「をり」は「折・時機」の意味で、直訳は「大勢の人の中のときのお住まい」となります。ここで選択肢を見ると、「大勢の人」と「お住まい」を訳しているのは、**5「人の出入りの多い都の邸（やしき）」**しかありませんので、**5が正解**です。

傍線部の下の「だに」に注目してください。「だに」は副助詞で、**軽いものを挙げて重いものを類推する働き**をします。少し後の「まいて」は「まして」のイ音便です。「Aだに〜ましてB」の形で「Aでさえ〜だから、ましてBは言うまでもない」の意味になり、軽いAと重いBが対比されます。よって、「人なかのをりの御住居」と「さる山の長谷のほとり」は対比されているということです。「長谷のほとり」は、本文の冒頭にある「奥山の御住居」で、公任が今住んでいる場所を指すので、「人なかのをりの御住居」は、「奥山の御住居」に移る前の「都に住んでいた頃の公任の邸」を指すと考えられます。

人なかのをりの御住居……わが御心には勝れて見えおぼさるる御有様
↔（対比）
さる山の長谷のほとり……光るやうに見えたまふ
＝（イコール）
奥山の御住居

人の多い都の自宅で見たときでさえ、息子は優れているように見えたが、ましてこのような山の中の住まいでは、なおのこと光るように見える、と公任は思っているということです。5行目に「わが御心には」とあるように、弁の君は、客観的に描かれているわけではなく、公任の目を通しての記述なので、実際の様子がどうだったかは、この文章からは判断できません。

解答 5

問五　心内語の把握

問二で解説しましたが、改めて簡単に説明します。

読解ルール　会話文や引用文は、引用の「と」に着目せよ！

感嘆文や丁寧語など会話文でしか出てこない表現に注意して、会話文と地の文を区別します。引用の「と」と感嘆文に着眼して心内語をまとめると、**問二**で説明したようになります。

「あないみじ、これを人に見せばや」**と**
「見る甲斐あり、めでたのただ今の有様や」**と**
「人の子にて見んに……いかでかくありけん」**と**……思さるる

このように、公任は三つのことを思ったということです。今回のように、「　」と、「　」と、「　」と…、のように分かれている形になっていることはめったにありませんが、普段から引用文を意識して読むことが大事です。今回は引用の「と」で三つに分かれていますが、連続しているので、これをひと塊(かたまり)と考えます。よって、正解は「あないみじ」～「くありけん」となります。

解答 **あないみじ～くありけん**

問六　和歌の修辞（掛詞(かけことば)）

和歌を理解するためには、和歌の詠まれた状況を理解しなければならないので、段落ごとに内容をまとめます。第一段落はこれまで解説してきたので、第二段落から解説します。

11行目の「御本意」の「本意」は「かねてからの願い」の意味で、これを「申し上げた」のは公任です。「聞こえたまへば」に続いて「僧都うち泣きて」とあり、主語が僧都に交替しているので、「聞こえたまへ」の主語は公任だとわかります。11行

5

目「御髪（みぐし）おろしたまひつ」は、公任の願いを聞いた僧都が、公任の髪を剃（そ）り落としたという意味です。つまり、公任はかねてからの願いである出家を遂げたということです。

第三段落は、冒頭の「帰り」の主語がわかりにくいのですが、第二段落で長谷にやってきた僧都が帰ったということです。そして、「これを聞こしめして」は、御堂（＝道長）が公任の出家を聞いて知ったということです。これをまとめると以下のようになります。

> ・第一段落…公任が息子の弁の君と対面する場面
> ・第二段落…公任が別当僧都を呼んで、出家を遂げる場面
> ・第三段落…公任が道長と歌のやり取りをする場面

こうして見ると、主人公の公任を中心に段落ごとに脇役の人物が交替しているという話の構成がわかります。

注に、「御堂」は「藤原道長の法成寺または道長本人」とありますが、道長は信仰心が強く出家した後この法成寺を建て、そのことから「御堂」と呼ばれました。「御堂」の呼称から、道長が出家していることがわかれば、歌の解釈を助けてくれますが、もし知らなくても和歌を訳すとそう考えるしかないとわかります。第三段落では、先に出家していた道長が、「いにしへは」の歌を添えて公任に法衣を贈り、公任が「おくれじと」の歌を返したということです。

以上を踏まえて、まずは道長の歌を訳してみましょう。

> **①いにしへは‖思ひかけ②き③や‖とりかはし‖**
> **かく着んものと‖④法（のり）の衣を**
>
> ① 名 昔。
> ② 助動「き」の終止形。過去［〜た］
> ③ 係助 反語［〜か、いや〜ない］
> ④ 法の衣＝出家した人の着る着物。
>
> 直訳▼昔は思いもかけなかった。法衣を互いに贈り交わしてこのように着ることになろうとは。

着眼点 和歌の自然描写や小道具に修辞あり！

次は、公任の返歌を見てみましょう。掛詞の見つけ方はもう習得しましたか。掛詞は暗記問題ではありません。本文から探すものです。**第4講**では自然描写が掛詞になる例を扱いましたが、今回、第三段落に自然描写はありません。**掛詞になりやすいものに、「小道具」**があります。「小道具」とは演劇などを行うときに用意するあの「小道具」です。それなら、第三段落の歌の直前に登場します。「御装束」です。道長の歌では「法の衣」

と詠まれています。それを踏まえて公任の歌を訳してみましょう。

> **おくれ①じと＝②契りかはして＝着るべきを＝**
> **君③が衣に＝たち後れける**
>
> ① **助動**「じ」の終止形。打消意志［～まい］
> ② **名** 約束。
> ③ **格助** 連体格［～の］
>
> **直訳**▼ 遅れまいと約束をかわして着るはずなのに、あなたの衣にたち遅れてしまった。

この直訳の「あなたの衣にたち遅れてしまった」は不自然です。不自然なところに掛詞はあります。道長は先に出家しているので、公任は「あなたの出家に遅れてしまった」という訳なら、意味が通じます。

なぜ「出家」を「衣」と詠んだのか、「後れ」を「たち後れ」と詠んだのか、そこに掛詞のヒントがありそうです。もちろん「法の衣」が出家者の着物だから「衣」に「出家」の意味を持たせたのですが、それだけではありません。ここに掛詞を使うためなのです。「衣」は布を「裁ち」、縫って着物になります。この「裁ち」に「たち後れ」の「立ち」を掛詞とするためにわざわざ「出家」を「衣」と言い、「たち後れ」と詠んだのです。

「断ち」ではダメです。やはり、「衣」と密接な関係にある「裁ち」でなければなりません。「衣」自体は掛詞にはなりませんが、道長の歌の「法の衣」を受けて、「衣」には「出家」の意味を含ませています。

よって、**正解は、「たちの部分に立ちと裁ちの意味が掛けてある。」**となります。設問にはありませんが、「衣」と「裁ち」は縁語です。「縁語」については**第7講**で詳しく解説します。

解答 **たちの部分に立ちと裁ちの意味が掛けてある。**

> **関連メモ** **掛詞を探すポイント**
>
> **地名** 磐手（言はで）・明石（明かし）・近江（逢ふ身）・甲斐（峡）
> **気象** 長雨（眺め）・深雪（御幸）・嵐（あらじ）・秋風（飽き）
> **動植物** 松（待つ）・鹿（然）・葵（逢ふ日）・菊（聞く）
> **小道具** 火取（独り）・紙（神）・文（踏み）・狩衣（借り衣）
> **心情を表す言葉** 泣く（無く）・恨み（裏見）・思ひ（火）

現代語訳

かくて奥山の御住居も、**本意**あり、心のどかに思されて、年も暮れぬれば、一夜がほどに変はりぬる峰の霞もあはれに御覧ぜられて、「A山里いかで春を知らまし」など、うちながめさせたまふに、

こうして（大納言藤原公任は）奥山のお住まいも、**本来の希望**どおりとなり、心も落ち着かれて、年も暮れてしまうと、一夜のうちに（春に）変わった峰の霞もしみじみとご覧になって、「（鶯の声なかりせば雪消えぬ）山里いかで春を知らまし（＝もしも鶯の声がしなかったならば、雪が消えていない山里では**どうやって**春が来たのを知るの**だろうか**（**いや**、知ることは**できない**））」などと、**口ずさみ**になられると、

一日の日も暮れて、二日辰の時ばかり、B弁の君参りたまへり。思ひかけぬほどのことかなと思さるるに、御装束持たせたまへりける、隠れの方よりCうるはしうして、**御前**に出でて**拝**したてまつりたまふなりけり。D人なかのをりの御住居だに、なほわが御心には勝れて見えおぼさるる御有様の、まいてさる山の長谷のほとりにては、光るやうに見えたまふに、

一日の日も暮れて、二日の午前八時頃に、弁の君（＝定頼）が参上なさった。（大納言は）思いがけないことだとお思いになるが、（弁の君は従者に）ご装束を持たせ（用意）なさっていたのを、人目につかぬ所から**きちんと**着用して、**御前**に出て（新年の）**拝礼をし**申し上げなさったのだった。人の出入りの多い都の邸でさえ、やはりご自分の御心には優れているとお見えになりお思いになっていた（弁の君の）御様子は、ましてこのような山の長谷の辺りでは、光り輝くように見えなさるので、

重要語句

□ほい【本意】本来の意志。もとからの望み。

□いかで【如何で】①どうして～か。②どうして～だろうか、いや～ない。③なんとかして。

□ながむ【詠む】詩歌などをつくって口ずさむ。【眺む】①もの思いに沈んで、ぼんやりと見る。②見渡す。ながめる。

□うるはし【美し・麗し】①整っている。きちんとしている。②立派だ。整って美しい。

□おまへ【御前】①（貴人の）前。おそば。②（貴人の敬称で）様。

□はいす【拝す】頭を下げて礼をする。

□いみじ ①すばらしい。②ひどい。恐ろしい。③並々ではなくたいそうなことだ。

あないみじ、これを人に見せばやと、見る甲斐あり、めでたのただ今の有様やと、
ああたいしたものだ、この様子を人に見せたいものだと、見る張り合いもあり、見事なこの有り様だなあと、

人の子にて見んに、うらやましくも、持たらまほしかるべき子なりや、
他人の子どもとして見たとしても、うらやましくて、（自分の子どもとして）持ちたくなるにちがいない子どもであることよ、

見目、容貌、心ばせ、身の才いかでかくありけんと、あはれにいみじう思さるる
顔かたちも、容姿も、気だても、学識もどうしてこのように備わったことだろうかと、しみじみとすばらしいものだとお思い

にも、御涙浮かびぬ。さて山里の御あるじ、ところにしたがひをかしきさまにて、
になるにつけても、御涙が浮かんだ。さて山里のおもてなしを、その場にふさわしく趣深い様子に用意して、

御供の人にも御み酒賜ひて、帰りたまふなごり恋しくながめやられたまふ。
お供の人にも御酒をおふるまいになり、（弁の君が）お帰りになるのを名残惜しく見ていらっしゃる。

かくてついたち四日のつとめて、御堂に、三井の別当僧都尋ねに御消息ものせさせ
こうして月初めの四日の早朝、御堂〔＝藤原道長〕のもとに、三井寺の別当僧都〔＝心誉〕のことを尋ねるためにお手紙をお差し

たまへば、参りたまへり。さて心のどかに御物語などありて、御本意のことも聞こえ
上げになったので、（心誉は）参上なさった。さてのんびりとお話などをなさって、かねてからの（出家の）お望みのことを申し上げ

たまへば、僧都うち泣きて御髪おろしたまひつ。戒など授けたてまつりたまひぬ。
なさったので、僧都は泣きながら（大納言の）髪を剃り落とされた。戒などをお授け申し上げになった。

かくて帰りたまひぬれば、世にやがてもり聞こえぬ。これを聞こしめして、御堂よ
こうして僧都がお帰りになったので、世間にもすぐ（出家の噂（うわさ）が）もれ広がった。このことをお聞きになって、御堂からご装

（注記：ばや＝自己の希望／や＝詠嘆／ん＝仮定・体（婉）／なり＝断定・終／や＝詠嘆／いかで＝疑問（↓）／けん＝過去推量・体（↑）／ぬ＝完了・終／れ＝自発・用／させ＝尊敬・用／ぬ＝完了・終／ぬ＝完了・終）

□ かひあり【甲斐有り】①効果がある。②値うちがある。（↔かひなし）
□ めでたし【愛でたし】①すばらしく心がひかれる。②喜ばしい。
□ みめ【見目】①外見。姿。②顔かたち。容貌。
□ こころばせ【心馳せ】気だて。気性。
□ ざえ【才】①学識。②芸能。
□ あはれなり ①しみじみと心動かされる。②しみじみと美しい。しみじみと趣深い。③かわいい。いとしい。④かわいそうだ。
□ あるじ【主・饗】①主人。②もてなし。
□ をかし ①すばらしい。美しい。趣がある。②こっけいだ。
□ なごり【名残】①余韻。②面影。なごり。
□ せうそこ【消息】①手紙。伝言。②訪問のあいさつ。
□ ものす【物す】①〜をする。②いる。ある。③〜である。
□ ものがたり【物語】①話をすること。②物語。

り御装束一領してまゐらせたまふとて、

束一揃(そろ)いをととのえて差し上げなさるといって、

いにしへは思ひかけきやとりかはしかく着んものと法の衣を

反語　婉曲・体

昔は思ってみたことでしょうか（いや、思いもしなかったことです）、法衣をお互いに贈り交わしてこのように着ようなどとは。

御返し、長谷より、

お返事を、長谷から、

おくれじと契りかはして着るべきを君が衣にたち後れける

連体格

（出家のときには）お互いに遅れないようにしようと約束を交わして、（法衣を）着るつもりでしたが、あなたが法衣を着るとき（＝出家）には遅れてしまいました。

とぞ聞こえさせたまひける。

強意（↓）　過去・体（↑）

とお申し上げになった。

［出典：『栄花物語』巻二十七　ころものたま］

□おもひかく【思ひ掛く・思ひ懸く】①思いをかける。恋い慕う。②予想する。

□おくる【後る・遅る】①先立たれる。②劣る。③あとに残る。

□ちぎる【契る】①約束する。②男女が愛を誓う。夫婦の縁を結ぶ。

6

日記

専修大学　蜻蛉日記（かげろうにっき）

作品解説■　平安時代に成立した日記。作者は右大将藤原道綱母（うだいしょうふじわらのみちつなのはは）。二十一年間の身辺の記録で、藤原兼家（ふじわらのかねいえ）との結婚生活を中心に、回想的に記している。女性の愛の苦悩が深く見つめられて表現されており、女流日記文学を代表する作品である。

別冊（問題）p. 36

解答

問一	問二	問三	問四	問五	問六	問七	問八
④	②	⑤	③	②	⑤	①	②
2点	2点	4点	4点	4点	4点	4点	6点

合格点

22/30点

問題文の概要

あらすじ●　作者の家を訪れていた夫兼家が発病する。心を取り乱した兼家の悲観的な発言に作者は悲しみの涙を流す。病状が悪化して自邸に戻ることになった兼家を見送る作者は夫の容態を思いやるほかなかった。

内容解説●　夫兼家の突然の発病に無力な作者の動揺や悲しみが伝わる文章です。一方、権力者である藤原兼家の私的な場面での人間らしい弱さも垣間見ることができます。

設問解説

問一 **文法（「けれ」の識別）**

「けれ」の識別では、形容詞や助動詞を覚えていることが大切です。

●「けれ」の識別●

1 過去の助動詞「けり」の已然(いぜん)形

連用形＋「けれ」

基本形	未然形	連用形	終止形	連体形	已然形	命令形
けり	（けら）	○	けり	ける	けれ	○

2 形容詞の已然形活用語尾

基本形	語幹	未然形	連用形	終止形	連体形	已然形	命令形
いみじ	いみ	○ じから	じく じかり	じ ○	じき じかる	じけれ ○	○ じかれ

3 形容詞型の助動詞の已然形活用語尾

基本形	未然形	連用形	終止形	連体形	已然形	命令形
べし	○ べから	べく べかり	べし ○	べき べかる	べけれ ○	○

識別情報に従って、傍線部を見ていきましょう。

傍線部a 傍線部の直前も含めて品詞分解します。

①いと｜②便(びん)なかる｜③べけれ(a)｜ば

① **副** たいそう。非常に。
② **形**「便なし」の連体形。都合が悪い。不便だ。
③ **助動**「べし」の已然形。推量［～だろう］

直訳▼とても不便だろうから

よって、**a**は推量の助動詞の一部となります。

傍線部b 「いみじけれ(b)」は、形容詞「いみじ」の已然形です。

よって、「けれ」は形容詞の一部となります。「いみじけれ」は「いみじ」と「けれ」には分かれません。**形容詞に助動詞が接続する場合は、カリ活用に接続する**ので、もし仮に「いみじ」に「けり」を付けるなら、「いみじかりけり」となります。

いみじ｜けれ…×
いみじかり｜けれ…○

解答 ④

問二 文法（「なむ（なん）」の識別）

●「なむ（なん）」の識別●

1 未然形＋「なむ」→願望の終助詞［〜てほしい］

2 連用形＋「な」＋「む」
　→完了（強意）の助動詞「ぬ」の未然形
　＋推量の助動詞「む」

3 名詞など＋「なむ」→強意の係助詞
＊文末は係り結びで連体形になる。
＊「なむ」がなくても文意は通じる。

4 ナ変動詞の未然形語尾「―な」＋推量・意志の助動詞「む」
例 死なむ 訳 死ぬだろう

「なむ」の識別は、接続関係に着眼することが大切です。識別情報に従って波線部を見ていきましょう。

波線部ア 直前の「ものし」はサ変動詞「ものす」の連用形です。よって、アは完了の助動詞＋推量の助動詞（ここでの意味は意志）です。

波線部イ 直前の「する」はサ変動詞「す」の連体形です。文末の「わりなき」は形容詞「わりなし」の連体形なので係り結びになっています。よって、イは係助詞です。

波線部ウ 直前の「やみ」は四段活用動詞「やむ」の連用形です。よって、ウは完了の助動詞＋推量の助動詞です。

波線部エ 直前の「奉り」は四段活用動詞「奉る」の連用形です。よって、エは完了の助動詞＋推量の助動詞（ここでの意味は勧誘）です。

解答 ②

関連メモ **サ変動詞「ものす」**

サ変動詞「ものす」は、『蜻蛉日記』では頻繁に出てくる動詞です。

「何かをする」という意味で、婉曲（えんきょく）的に用いられます。今回は設問になっていませんが、「ものす」の意味を答えさせる設問は頻出です。

→ ものす＝サ変動詞。種々の動詞の代わりに用いる。場面や文脈で意味を判断する。

問三 現代語訳

ポイントは「あら＋まほし」と「あらまほし」の違いです。

●現代語訳の手順●

1 品詞分解
2 直訳
3 必要なら手直し――不自然な表現を改める

手順に従って、現代語訳をしてみましょう。傍線部Aは、二通りの品詞分解が考えられます。
「あら」を動詞、「まほし」を助動詞と捉えるか、「あらまほし」で一語の形容詞と捉えるかの違いです。

(1) いと①—あら②—まほしき③—を④
(2) いと—あらまほしき⑤—を

(1) ① **副** たいそう。非常に。
② **動**「あり」の未然形。存在を表す。
③ **助動**「まほし」の連体形。願望［〜たい］
④ **接助** 逆接確定条件［〜のに・〜けれども］
(2) ⑤ **形**「あらまほし」の連体形。理想的だ。
(1)か(2)かを判断するには、前後の文脈を見る必要があります。

着眼点 **傍線部の前後に根拠あり！**

傍線部の前に、場所を表す言葉「ここに」があるので、「あらまほし」の「あら」は存在を表す動詞だと判断できます。「ここに」を含めて訳しても、「ここに理想的だ」では文意が通らないので、「あらまほし」を形容詞ととることはできません。
(1)の品詞分解に従って直訳すると、「たいそういたいが」となります。選択肢と照らし合わせましょう。

① 糸があったらよいのだが ×
② とてもうらやましいことだけれども ×
③ たいへん理想的であるけれども ×
→「あらまほし」を形容詞と捉えているのが×。
④ とても荒々しいことだが ×
⑤ ぜひ留まっていたいのだが →矛盾がない。

「あり」は存在を表す動詞なので、「留まる」と訳すことができます。よって、⑤**「ぜひ留まっていたいのだが」が正解**です。
③を選んでしまうのは、形容詞「あらまほし」の知識だけにとらわれた解き方をしているからです。知識は最大の武器ですが、それだけでは上位の大学の設問に正しく答えることはできません。必ず原点に立ち返って品詞分解し、解釈の可能性を探り、前後の文脈に合っているかどうかを確認して解答しなければなりません。単語の意味だけに頼らずに、傍線部の前後を確認しましょう！

解答 ⑤

問四 **解釈**

ポイントは「つらし」と「な…そ」の意味です。**問三**の「現代語訳」と「解釈」とはどう違うのでしょうか。**問三**と**問四**の選択肢を見てください。**問三**はほぼ直訳なのに対して、**問四**

は、傍線部の訳だけでなく内容を補ったものになっています。つまり、「解釈」とは、傍線部を本文の内容に即してわかりやすく現代語訳しなさい、ということなのです。

●解釈の手順●

1　品詞分解
2　直訳
3　手直し——語句を補ってわかりやすい表現にする

手順に従って、まずは現代語訳をしましょう。

①つらし｜と｜②な｜③おぼし｜そ

①形「つらし」の終止形。薄情だ。つらい。
②な…そ＝禁止を表す副詞「な」と終助詞「そ」。…しないでくれ。
③動「おぼす」の連用形。お思いになる。「思ふ」の尊敬語。

直訳 ▼ 薄情だとお思いにならないでおくれ

次に、状況把握をします。まず、この発言が誰のものであるかを確認します。**注1**に「自邸である兼家邸」とあるので、この発言が夫兼家のものであることがわかります。次に傍線部**B**の直前「ここにぞ、いとあらまほしきを、……かしこへものしなむ」に注目します。同じく**注1**から「かしこ」が「兼家の自邸」を指すとわかります。**問三**で見たように、傍線部**A**は「ここにぜひ留まっていたいのだが」と**逆接**の意味で、下の「かしこへものしなむ」にかかっていきます。

読解ルール　逆接は対比関係を表す！

作者の家
ここにぞ、いとあらまほしきを（ここにぜひ留まっていたいのだが）
↔（対比）
兼家の家
かしこへものしなむ＝留まらない

傍線部**A**と「かしこへものしなむ」は対比の関係なので、「かしこへものしなむ」は「留まらない」の意味になるはずです。「留まらない」は、言い換えれば「自宅に戻る」ということです。「ここにぜひ留まっていたいのだが、何事も不便だから、自邸に戻るつもりだ」と兼家は言ったのです。これに続くのが「つらしとなおぼしそ」です。「つらし」は相手を評価するときは「薄情だ」の意味で、自分の気持ちを述べるときは「つらい」の意味になります。ここは**帰ってしまう夫に対する作者の評価**を表しているので、「つらい」の意味ではなく、自宅に帰る自分を薄情だと思わない（評価しない）でほしいと兼家は言っているのです。

現代語訳と選択肢を照らし合わせます。

① あなたを家に帰すことを、意地が悪いと思わないでおくれ

→「自分（兼家）が帰宅する」が○。「思わないで」が尊敬語の訳になっていない。

② 病でつらいから、私に冷たくしないでください

③ 私のすることを、ひどい仕打ちとお思いにならないでおくれ

→矛盾がない。

④ 病でつらいときに、私に心配をかけないでください

⑤ 女房達に、ひどい仕打ちをしてやろうなどと思わないでおくれ

③は、「つらし」の訳を「ひどい仕打ち」としていますが「薄情」と同じ意味ですし、「自宅に帰ること」を「私のすること」としていますが、これは具体的な内容になっていないだけで間違いではありません。よって、③が正解です。

解答 ③

問五 解釈

ポイントは、「主体判定」と、助動詞「るれ」の意味です。これは主体と訳を問う設問です。『蜻蛉日記』では会話以外では敬語はほぼ使われないので、敬語によって主体を決めることはできません。動詞を追いながら丹念に主語を決めて読み進めなければなりません。

読解ルール 本文初出の動詞の主語は、リード文の主語と一致する！

●主語の継続・交替のルール●

接続助詞「て・つつ・ながら」→主語の継続

接続助詞「を・ば」→主語の交替

「、」→主語の継続

「。」→主語の交替

＊あくまでも原則なので、よく確認することが必要。

主体判定のルールを使って、動詞と主語を抜き出し、一覧にしてみました。

主語 → **動詞**

兼家 → 渡りたる程[に]しも、苦しがりそめ[て]（継続）

兼家 → 思ひ惑ふ[を]（交替）

作者→いといみじと見る。（交替）
兼家→言ふことは「　」とて（継続）
兼家→(あ)泣くを（交替）
作者→見るに（継続）
作者→ものおぼえずなりて（継続）
作者→C泣かるれば（交替）
兼家→「　」など、臥しながら（継続）
兼家→いみじう語らひて（継続）
兼家→(う)泣く。（継続）
兼家→呼びよせつつ（継続）
兼家→「　」と言へば（交替）
みな→泣きぬ。（交替）
作者→ものだに言はれず、（継続）
作者→ただ(え)泣きにのみ泣く。

初出の動詞「渡り」から「思ひ惑ふ」までの主語は、リード文から、「兼家」とわかります。その後、「作者」と交互に主語が交替します。キャッチボールをするように、兼家→作者→兼家→作者と交替していきます。

10行目の「呼びよせ」の主語がルールから外れていてちょっと難しいです。直前の「ある人々」が主語のように見えてしまいますが、**注**によれば「ある人々」は作者に仕える女房達なので、主人や主人の夫を呼び寄せることはありえません。**呼び寄せた後の発言の内容から、ここは兼家の主語が継続していると判断します。**

では、設問に戻りましょう。傍線部Cは、弱気になって泣く兼家を見て「作者」も「泣く」ということです。傍線部Cを品詞分解すると、

①泣か｜②るれ｜③ば
① 動「泣く」（四段活用の未然形）
② 助動「る」の已然形。自発［自然と〜する］
③ 接助 順接確定条件［〜ので］

ここで選択肢を見ましょう。「泣く」の主語は作者（＝道綱母）なので、選択肢を①と②に絞ることができます。

① 道綱母も、泣くことはできるが
② 道綱母も、自然と涙があふれてくるので

已然形＋「ば」は、順接確定条件を表しますので、「〜ので・〜と」の意味になります。このことから、逆接確定条件の意味になっている①を除くことができます。よって、②「道綱母も、自然と涙があふれてくるので」が正解です。

この設問では「る」の意味を識別する必要はありませんでしたが、重要事項なので解説をします。「る・らる」が可能の意

味になるのは、「る・らる」が接続している動詞を妨害する要因があるときです。例えば、「寝らる」の場合、「寝る」という行為は無意識に行うので「らる」は自発です。これが、「寒くて寝られず」となると、「寒さ」が「寝る」という行為を妨害するので、「らる」は可能になるということです。

解答 ②

問六　主体の把握

ポイントは、主語の交替です。

㋐は、**問三・問四**から、㋐の直前の発言が兼家のものだとわかり、その発言と「とて」でつながっているので、「泣く」の主語は「兼家」です。これで、選択肢を③④⑤に絞ることができます。

㋑は、**問五**から、泣いている作者に「泣かないでおくれ」と兼家が言っているので、「泣く」のは「作者（＝道綱母）」です。これで、選択肢は④と⑤が残り、さらに㋒は④も⑤も「兼家」となっています。

㋓は、泣いている兼家の言葉を聞いた女房達が泣き、それに続いて作者が泣いたということです。兼家はすでに㋒で泣いているので、二重傍線部㋓の前の「みづから」は、作者自身を指します。

以上から、**正解は⑤**です。

解答 ⑤

問七　適語の補充・解釈

選択肢を見ると、空欄に入れるのは、呼応の副詞です。呼応の副詞は、副詞とセットになる語を覚え、訳ができることが大切です。

> **●主な呼応の副詞と訳●**
> え〜打消語　**訳** 〜できない
> さらに〜打消語　**訳** まったく〜ない
> つゆ〜打消語　**訳** 少しも〜ない
> をさをさ〜打消語　**訳** めったに〜ない
> な〜そ　**訳** 〜しないでくれ
> よも〜じ　**訳** まさか〜ないだろう

次に、傍線部Dを訳しましょう。

> ①あり｜②とも、｜こち｜は｜□｜③参る｜④まじ
>
> ① **動**「あり」存在を表す。
> ② **接助** 逆接仮定条件［〜としても］
> ③ **動**「参る」の終止形。参上する。「行く」の謙譲語。
> ④ **助動** 打消推量［〜ないだろう］

選択肢を見てみましょう。「まじ」は打消推量の助動詞なので、「な」を補っている③を除くことができます。②は、「え」を補っ

ているのに、訳が「いけない」と禁止になっているので除くことができます。④と⑤は「をさをさ」を補っているのに、訳が「無理だろう」「できないだろう」となっていますが、「まじ」には不可能の意味もあるので、完全に間違いとは言えません。

傍線部**D**は、兼家が作者に自分の死後の話をしている発言の中にあります。「ありとも」は直前の「死なずはありとも」を受けていると考えられるので、「たとえ死なくても」の意味となります。このことから、選択肢⑤を除くことができます。「こち」は近称の指示代名詞で、「こちら」の意味で、兼家が今いる作者の家を指しているとわかり、「宮中に参上する」としている④を除くことができます。よって、正解は、①「『え』を補い、兼家が死ななかったとしても、道綱母の屋敷に参上することはできまい、の意」となります。

解答 ①

問八 内容判定 難

問題文と内容が一致するものを選ぶ問題は、本文の記述と選択肢の記述を細かく照らし合わせます。

① 病の兼家は、数日前から体に不調を感じていたので、余命もそれほど長くないのではないかと不安を覚えていたことを、道綱母にだけ告白した

→兼家は作者（＝道綱母）の家で体調を崩し、死にそうだ、死なないとしてもこれが見納めだなどと、作者に訴え、女房たちにも同じようなことを話している。

② 病の兼家は、車で道綱母の屋敷を去るに際し、道綱母のほうを見つめるばかりであったが、道綱母も心が動揺して何も言うことができなかった

→本文13・14行目と一致する。

③ 病の兼家は、道綱母や周囲の者たちと言葉を交わしているうちに、少しずつではあるが、体調が回復し、ようやく車に乗ることができた

→本文13行目に「心地いと重くなりまさりて（病状が重くなって）」とある。

④ 病の兼家は、自らの死後、道綱母は必ず他の男と結婚するだろうけれども、もしそうであるなら、できるだけ早いほうがよいと述べた

→本文7行目に「おのが忌みの内にし給ふな（私の喪に服している間は再婚なさらないでくれ）」とある。

⑤ 病の兼家は、道綱母の兄弟に抱きかかえられて、車に乗り込んだが、その兄弟も、道綱母を気の毒に思って、すっかり肩の力を落としていた

→本文15行目に、「さらになでふことかおはしまさむ（何も大したこ

とはありません）」とあり、兄弟は気丈にふるまっている。

②の「心が動揺して何も言うことができなかった」は本文にありませんが、本文14行目に「とまるはさらにも言はず（後に残る者は言うまでもない）」とあり、「兼家が作者を見つめるばかりであった」を受けて、「作者も悲しくて兼家を見つめることしかできず、何も言えなかったのは言うまでもない」と読み取ることができます。

よって、**正解は②**です。

本文にはっきりとした記述のないことが正解となるのは、難問です。このような場合は、明らかに間違った内容を含んだ選択肢を消去し、残った選択肢が許容範囲であるかどうか検討します。

解答 ②

現代語訳

三月ばかり、ここに**渡り**たる程にしも、苦しがりそめて、いと**わりなう**苦しと思ひ

三月頃、（夫の兼家が）ちょうど私の家に**来ていた**ときに、苦しがり始めて、本当に**どうしようもなく**苦しいと**取り乱して**

惑ふを、いと**いみじ**と見る。言ふことは「ここにぞ、いとあらまほしきを、

いるのを、（私は）とても**大変なことになった**と見る。（夫が）言うことには「ここに、ぜひ留まっていたいのだが、

何事もせむに、いと便なかるべければ、かしこへものしなむ。つらしとなおぼし

（ここでは加持など）何をするにも、とても**不便だろう**から、**あちら**［＝自邸］へ**帰ろう**と思う。（私のすることを、）**ひどい**

そ。にはかにも、いくばくもあらぬ心地なむする、なむ、

仕打ちとお思いに**ならないでおくれ**。急に、（あと）**いくら**も生きられないような気がして、実につらい。

重要語句

□やよひ【三月・弥生】陰暦三月。

□わたる【渡る】①渡る。移る。②ずっと～する。

□わりなし【理なし】①道理に合わない。ひどい。無理やりだ。②どうしようもない。③苦しい。④すばらしい。

□まどふ【惑ふ】①迷う。うろたえる。②ひどく～する。

□いみじ ①すばらしい。②ひどい。恐ろしい。③並々ではなくたいそう

いとわりなき〔形・体(↑)〕。あはれ、死ぬとも、おぼし出づべきことのなきなむ〔強意(↓)〕、いとかなしかりける〔詠嘆・体(↑)〕」とて、(あ)泣くを見るに、ものおぼえずなり〔四動・用〕て、またいみじう C泣かるれば、「な(い)泣き給ひそ〔禁止〕。苦しさまさる。よにいみじかるべきわざは、心はからぬ〔打消・体〕程に、かかる別れせむ〔婉曲・体〕なむ〔強意(↓)〕ありける〔詠嘆・体(↑)〕。いかに〔疑問(↓)〕し給はむずらむ〔現在推量・体(↑)〕、一人は世におはせじな〔詠嘆〕。さりとも、おのが忌みの内にし〔サ変動・用〕給ふな〔禁止〕。もし死なずはありとも、限りと思ふなり〔断定・終〕。Dありとも、こちは［え］参るまじ。おのがさかしからむ〔婉曲・体〕時こそ〔強意(↓)〕、いかでもいかでも、ものし給はめ〔勧誘・已(↑)〕と思へば、かくて死なば、これこそ〔強意(↓)〕は、見奉るべき限りな〔断定(撥無)〕めれ〔推定・已(↑)〕」など、臥しながら、いみじう語らひて(う)泣く。これかれ、ある人々、呼びよせつつ、「ここには、いかに思ひ聞こえたりとか〔疑問(↓)〕

ああ、(私が)死んだとしても、(あなたが私を)思い出してくださることが何一つないことが、本当に悲しいことだ」と言って、泣くのを見ると、(私は)分別をなくして、さらにひどく泣けてくるので、(夫は)「お泣きなさるな。(あなたが泣くと)ますます苦しくなる。何よりもつらいことは、思いがけずに、こういうふうの別れをすることであるよ。(私が世を去ったら、あなたは)どうなさるのだろうか、まさか独身でおいでになることはあるまいよ。仮に再婚なさるとしても、私の喪中には再婚なさらないでほしい。もし私が死なずにいたとしても、(訪れるのは)これが最後だと思う。生きていても、(大病の後では)こちらへ伺うこともできまい。私がしっかりしているような間は、何としてでも、自邸へお越しになってほしいと思うが、この病で死ぬとしたら、これが、(あなたを)見申し上げる最後ということなのだろう」などと、横になったまま、しみじみと語って泣く。(夫は)だれかれと、居合わせた女房たちを、呼び寄せては、「私が、どんなに(この方を)深く愛し申し上げていたと思うかね。

なことだ。

□ここ【此処】①こちら。②この私。③あなた。

□びんなし【便無し】①不都合だ。②気の毒だ。

□かしこ【彼処】あそこ。あちら。

□ものす【物す】①～をする。②いる。ある。③～である。

□つらし【辛し】①薄情で思いやりがない。②つらい。心苦しい。

□な～そ　～するな。～してはならない。

□いくばく【幾許】どれほどの。どのくらい。

□かなし
【悲し・哀し】①悲しい。②かわいそうだ。
【愛し】①いとおしい。かわいい。②身にしみておもしろい。

□ものおぼゆ【物覚ゆ】①意識がはっきりする。②物心がつく。

□さりとも【然りとも】たとえそうであっても。それにしても。

□かぎり【限り】①限度。②機会。③人生の終わり。

見る。かくて死なば、また対面せでや、やみなむと思ふこそ、いみじけれ」と言

このままで死んでしまったら、二度と対面することもなく、**終わって**しまうのかと思うと、ほんとうに悲しい」と言

へば、みな泣きぬ。みづからは、ましてものだに言はれず、ただ泣きにのみ泣く。

うので、みな泣いてしまった。私自身は、ましてものさえ言えず、ひたすら泣くばかりである。

かかる程に、**心地**いと重くなりまさりて、車さし寄せて乗らむとて、かき起こされて、

こうしているうちにも、**容態**がますますひどくなってきて、車を縁先に寄せて乗ろうとして、（従者に）抱き起こされて、

人にかかりてものす。うち**見おこせ**て、**つくづく**うち**まもり**て、いといみじと思ひ

人の肩に寄りかかって車に乗り込む。（兼家は私のほうを）**振り返り**、**じっと見つめて**、とてもつらいと思っている様子である。

たり。とまるは**さらにも言はず**。このせうとなる人なむ、「なにか、かく**まがまが**

後に残る私が何も言えないのは**言うまでもない**。同居している兄弟が、「どうして、そんなに**縁起でもなく**

しう。さらに**なでふ**ことかおはしまさむ。はや奉りなむ」とて、**や**

（泣くのですか）。このうえ**どんな**ことが起こるというのですか（、何も起こりはしませんよ）。さあ車にお乗りください」と言って、**そ**

がて乗りて、抱へてものしぬ。思ひやる心地、**言ふかたなし**。

のまま同乗して、抱きかかえて出て行った。（夫を）思いやる（私の）気持ちは、**表現のしようもない**。

［出典：『蜻蛉日記』上巻］

□さかし【賢し】①勝れている。賢い。②しっかりしている。③こざかしい。

□かたらふ【語らふ】①話を交わす。②（特に男女が）親しく交際する。③説得して仲間に引き入れる。

□やむ

【病む】①病気になる。②思い悩む。

【止む】①止まる。②中止になる。③病気が治る。

□ここち【心地】①気持ち。気分。②心。③病気。

□みおこす【見遣す】こちらを見る。

□つくづく【熟々】①じっと。②しんみりと。しみじみ。

□まもる【守る】①じっと見る。②見守り世話をする。

□さらにもいはず【さらにも言はず】改めて言うまでもない。

□まがまがし【禍々し】①不吉だ。②憎らしい。

□なでふ　なんという。いかなる。

□やがて　①そのまま。②すぐに。

□いふかたなし【言ふ方無し】言いようがない。

7 日記

京都産業大学 成尋阿闍梨母集（じょうじんあじゃりのははのしゅう）

作品解説 ■ 平安後期の日記的家集。成尋阿闍梨母著。六十歳を過ぎて入宋（にっそう）を果たした我が子・成尋阿闍梨との、再会を期しがたい生別の悲しみを綿々と綴（つづ）る。深い母性愛の発露がうかがえる。

別冊（問題）p. 42

解答

問一	問二	問三	問四	問五	問六	問七
2	3	1	4	1	3	2
2点	2点	5点	5点	6点	5点	5点

合格点 20／30点

問題文の概要

あらすじ ● 長年仏道修行に励む息子の姿を頼もしく思い、何の心配もなく過ごしてきたが、最愛の息子の渡宋という思いがけない出来事に直面して、年老いた作者は悲嘆にくれる。息子が渡宋のために乗船の準備を始めたと聞くと、息子への恋しさに胸を焦がす。これも前世の因縁だと自らに言い聞かせるが、息子を引き止めることができなかったことを後悔する。

内容解説 ● 息子を愛するが故の老母の悲嘆が心情告白と歌によって描かれています。思っても仕方ないことを思い、悔いても仕方ないことを悔いて嘆き悲しむ作者の姿からは、息子への強い愛情を感じとることができます。

設問解説

問一 **語句の意味**

傍線部Aの「行ひつとめ」の下に接続助詞「つつ」があるので、「行ひ」は名詞とせず、「行ふ」も「つとむ」も「仏道修行する・勤行する」の意味なので、2「仏道の修行に励む。」が正解です。直後の「おはさうずれ」は、「あり」の尊敬語「おはさうず」の已然形です。「おはさうず」は主語が複数のときに用いる語なので、「行ひつとめ」の主語は「君だち（成尋と律師）」だとわかります。

解答 2

問二 **解釈**

まずは傍線部Bを訳します。

①かく｜②たぐひなき｜心

①副 このように。
②形「たぐいなし」の連体形。並ぶものがない。他に類がない。

直訳▼このように他に類のない心

傍線部Bを下に伸ばすと、「つきたまへりける阿闍梨」とあるので、これは阿闍梨の心です。阿闍梨が、どのような「他に類のない心」を持ったのかを捉えることが必要です。阿闍梨の心については、リード文に「成尋（＝阿闍梨）」が「宋の国に渡ることを決め」とあります。選択肢の中で渡宋について言及しているのは3しかありません。よって、正解は3「宋の国に行って仏道を究めようとする志。」となります。

これに続く記述で、作者は長生きしたせいでこんな息子の志を見ることになってしまった、と嘆いています。

解答 3

問三 **解釈** 難

ポイントは「だに」の意味です。まずは、傍線部Cを訳します。

①むなしき｜殻｜②こそ｜は｜梢｜に｜は｜③とどめ｜④んず｜⑤らめ、｜それ｜に｜も｜劣り｜て、｜こ｜の｜身｜に｜は｜⑥影｜⑦だに｜も｜見え｜ず

①形「むなし」の連体形。空である。無益である。はかない。
②係助 強意
③動【止む・留む・停む】「とどむ」の未然形。残す。
④助動「む（ん）ず」の終止形。推量［～だろう］
⑤助動「らむ」の已然形。現在推量［～ているだろう］
　＊「こそ…らめ」で逆接の意味になる。
⑥名 姿。面影。
⑦副助 類推［～さえ］

直訳▼空っぽの殻は梢に残っているだろうが、それにも

劣って、この身には面影（姿）さえも見えない

　選択肢を見ると、「蟬（せみ）の脱け殻」の意味が二通りあるので、その検討をします。「むなしき」はマイナスの評価なので、「蟬の脱け殻」をマイナスの状態として捉えていると判断できます。**「蟬の脱け殻」のことを「空蟬（うつせみ）」と言い、「はかないこの世」を表す言葉**でもあります。このことから、「蟬の脱け殻」を「成長していく」ものとしてプラスに捉えている**3**と**4**を除くことができます。選択肢**1**と**2**の違いは、「蟬の脱け殻」の意味付けと「影だにも見えず」の解釈です。「脱け殻」が「からっぽである」のは間違いないので、「影だにも見えず」の意味が決め手となります。

　「それにも劣りて」とあることから、「むなしき殻こそは梢にはとどめんずらめ」と「影だにも見えず」を比べて、「この身（自分）のほうが劣っている」という意味になります。

梢　　……蟬＝どこかへ飛んで行って↓　脱け殻が残っている
↔（比較）　　　↔対比
この身……阿闍梨＝宋へ行ってしまい↓「影だにも見えず」

　よって、「影だにも見えず」は、蟬が脱け殻を残していることに対比される阿闍梨の状態だと判断でき、選択肢**1**の「息子の面影さえも残っていない」が合致します。また、**2**は、副助詞「だに」の訳出がありません。よって正解は**1**「蟬は脱け殻を残して、それははかないことであるが、わが身はそれ以下で、息子の面影さえも残っていない。」となります。

着眼点　傍線部の前後に根拠あり！

　傍線部Cの前にある和歌に「絶えん命」とあり、また、その直前の「けふにても失（う）せぬべく覚え」は、「今日にでも死んでしまいそうに感じる」の意味なので、作者の頭には死がよぎっていることがわかります。死んでしまったら二度と息子に会えないので、選択肢**2**を選びたくなるかもしれません。本文の記述を根拠にすることは重要ですが、何より傍線部の正確な解釈をすることで、正解に到達できるということです。

解答　1

問四　解釈

　ポイントは「こそ」の逆接用法です。設問に、「『こそ』と『は』の係助詞を重ねて強調することによって、より複雑な心境を表している」とありますが、ここには読解のための重要文法があります。「こそは」の直前の「あらば」は、未然形＋「ば」の形で順接の仮定条件を表します。**その仮定されたことを「こそは」によって強調することで、それが実現しないことを表しま**

す。つまり、**打消の語がなくても打消の意味になる**ということです。

> 未然形＋ば＋こそ（は）の形＝「～ならばともかく、そうではない」の意味
> **例** 法皇のゆづりましましたる世ならばこそ（平家物語）
> **訳** 法皇がお譲りになった政権ならばともかくだが、そうではない

選択肢の中で、打消の意味になっているのは、**4**「信じられるが、実際はそうではないのだから」しかありません。よって**正解は4**となります。傍線部**D**全体を訳すと、「手紙などの連絡が届いているならば信じられるが、実際はそうではない」となり、矛盾がありません。

傍線部の直後の「まことにやあらん、虚言(そらごと)にやあらん」は、人から聞いた「阿闍梨が宋に渡る準備をしている」という情報を、作者は「本当だろうか、嘘(うそ)だろうか」と判断しかねている、ということです。手紙があればその情報を信じられるが、実際は手紙がないのだから、阿闍梨が準備を始めたという情報の真偽のほどがわからず、ますます悲しみを募らせているのです。

解答 4

問五 和歌の趣旨

和歌には、「解釈（現代語訳）」、「趣旨の説明」、「修辞の説明」、「心情の説明」などの設問があるので、何を答えるのかをはっきりさせる必要があります。

「現代語訳」の場合は、和歌の直訳を元に、修辞も含めて丁寧に訳しますが、**「趣旨」を答える場合は、修辞（掛詞(かけことば)や縁語）などを訳出する必要はありません。**まずは和歌を五七五七七に切って、直訳します。

設問に、「『おもひ』（思ひ）の『ひ』に火の意を掛けている」とありますが、これは大きなヒントです。**和歌の中に、何か「火」に関連した言葉が使われている可能性**があるからです。

> **淀(よど)みなく＝涙の川は＝ながるれ①ど②＝おもひ③ぞ胸を＝やくと④こがるる⑤**
>
> ① **動**「流る」の已然形。
> ② **接助** 逆接確定条件［～が］
> ③ おもひ＝「思ひ」と「火」の掛詞。
> ④ やくと＝「役と」と「焼く」の掛詞。「役と」は「もっぱら」の意味。
> ⑤ こがるる＝「恋い焦がれる」と「焦げる」の意味が掛けてある。
>
> **直訳▼** 淀みなく涙は流れるが、もっぱら思いで恋い焦が

れるよ。

「火」「焼く」「焦げる」は一つのイメージでつながる言葉です。これを「縁語」と言います。そして、「縁語」はあくまでも歌における飾りのようなもので、**作者が言いたいのは「思ひ」と「役と」と「恋い焦がれる」のほうです。**

着眼点　本文の状況と、和歌の内容との関連性を捉えよ！

和歌の訳だけを見ると、まるで恋人を思って詠んだ歌のように見えますが、**問二**・**三**で見たように、「思ひ」は「作者の息子への愛情」です。これを踏まえて選択肢を検討します。

1　あふれ出て激しく流れる涙によってでも思いの火が消えないほど、わが子を恋い慕っている。

↓矛盾がない。

2　あふれ出て激しく流れる涙によって思いの火を消したいほど、わが子のことを思って苦しくなる。

↓「消したい」が間違い。「ながるれど」は逆接の意味で、「涙が激しく流れるけれど『火』は消えない」という意味。

3　涙があふれ出て激しく流れているように、わが子への強い思いは火となって、胸を焼きこがしている。

↓「涙」が「思ひ」のたとえとなっているのが間違い。「涙」は「火」を消すものという意味合いで使われている。

4　涙があふれ出て激しく流れている以上に、より強くわが子を恋いこがれる胸の思いが火となって燃えている。

↓「以上に」が間違い。「涙」は「火」を消すもので、「火」と比べられてはいない。「火」「焼く」「焦げる」は縁語であり、「火となって燃えている」はイメージを持たせているのであって趣旨ではない。

よって、1「あふれ出て激しく流れる涙によってでも思いの火が消えないほど、わが子を恋い慕っている。」が正解となります。

5行目の「嘆きわび」の歌も解説しておきましょう。

「つゆ」が副詞の「つゆ」と「露」の掛詞で、「露」「置く」「葉」は縁語です。「葉の上に露が置いている」イメージを持たせ、「露」は「はかない命」のたとえでもあるので、悲しみの中で死んでしまいそうだという作者の気持ちも表しています。

次ページに代表的な「縁語」を挙げておきます。

解答　1

関連メモ **縁語**

雨・降る・笠
雪・消ゆ・解く
露・置く・消ゆ
衣・裁つ・着る

波・寄る・返る
川・流れ・瀬
弓・射る・張る

問六　内容説明

ポイントは「前世の因縁」という考え方です。設問にある「現世の事柄は前世の因縁の法則によってつながるもの」というのは仏教の基本的な考え方です。因果応報は、簡単に言うと、「今現世で起きていることの原因が前世にある」という考え方のことです。「前世で仇敵(きゅうてき)であった者」が原因で、「現世で親子となる」というのが結果です。「仇敵」は、「恨みを抱いている敵・仇(かたき)」の意味なので、自分を苦しめたり悲しませたりする存在です。息子との別れを悲しんでいるということは、言い方を変えれば、息子によって悲しませられている、息子が自分を苦しめているということです。「前世で息子は仇敵だったから、現世で息子が親である私を苦しめるということもあるのだ」と作者は思っているのです。設問に「作者はどのようにして自分の心を落ち着かせようとしているか」とあるので、**作者は、息子が自分を苦しめているという受け入れ難い状況を、前世の因縁なのだと思うことで「心を落ち着かせよう」としている**ということです。選択肢の中で「子が親を苦しめる、悲しませる」の意味になっているのは、2と3と4です。

2は、「子がいるために」が間違いです。「子どもの存在」に苦しんでいるわけではありません。

4は、「憎いと、思う」が間違いです。「憎い」という感情は「心を落ち着かせる」とは反対のものです。

よって、3「子がこれほど親を苦しませることもあり得ると、納得しようとする。」が正解となります。自分に何か不幸なことが起きたとき、「これは宿命だ」と思って、その不幸な事態を受け入れようとする心の働きは今の時代でもあります。作者は、息子から苦しめられている不幸な状況を、前世の因縁だと思うことで、受け入れようとしているのです。

解答　3

問七　現代語訳 難

ポイントは敬語と「かぎり」の意味です。選択肢を見ると敬語が訳されているものもあり、現代語訳に近い問題だと言えます。選択肢に助けてもらいながら直訳してみましょう。

「多くの年ごろ」は、すべての選択肢が「長い間」の意味となっています。次に、「飽かぬことなくて」の意味を捉えます。

①飽か ― ②ぬ ― こと ― なく ― て

① 動「飽く」の未然形。満足する。
② 助動「ず」の連体形。打消［～ない］

直訳 ▼ 満足しないことがなくて

「満足しないことがなくて」は「満足して」の意味です。よって、「満足して」の意味になっていない1を除くことができます。

続いて「あらせたまへるかぎり」の意味を考えます。

①あら ― ②せ ― ③たまへ ― ④る ― ⑤かぎり

① 動「あり」の未然形。過ごす。
② 助動「す」の連用形。使役［～させる］・尊敬［～なさる］
③ 補動「たまふ」の已然形。尊敬［～なさる］
④ 助動「り」の連体形。完了［～た］
⑤ 名 限度。

直訳 ▼ 過ごさせなさった限度

「たまへ」は尊敬語で、自分の行為には用いないので、「あらせ」の主語は私（作者）ではなく、成尋だと判断できます。尊敬語の訳になっていない選択肢1と3を除くことができ、「過ごさせなさった」の訳から、「せ」の意味も使役だとわかります。

残った2と4の違いは、「かぎり」の捉え方です。2は「月日の限度」とし、4は「寿命の限度」としています。問三で解説したように作者は自分の死を意識しているので、4「寿命の限度」と考えるかもしれませんが、傍線部をよく見ると、「ありける月日のかぎり」は、「あらせたまへる（月日の）かぎり」という使役文を、自分を主語にした能動文に言い換えています。ですから、「かぎり」は「寿命の限度」ではなく、「月日の限度」だと判断できます。よって正解は2「長い間、何の不満足もなく過ごさせて下さった月日にも限度があり、今、その限度が来たのであろう。」となります。

解答 2

本文全体を通して伝わってくるのは、愛する息子が遠くに行ってしまう母親の悲嘆です。平安時代後期は今と違って中国は遠く、船旅も危険で命がけだったので、母親が愛息の渡宋を嘆くのも無理はありませんが、作者が八十三歳で息子は六十一歳という年齢からは、いくつになってもわが子のことが心配でならない母親の心情が伝わってきます。

現代語訳

年ごろ思ふことなくて、世の中さわがしと言へば、この君だちいかが[疑問（↓省）]と思へど、かばかりA行ひつとめつつおはさうずれば、

長年物思いをすることもなくて（過ごしてきたが）、（疫病の流行のため）世間が騒然としていると（人々が）言うので、自分の息子たち〔＝成尋や律師〕はどうであろうかと思うが、（二人とも）こんなにも仏道修行を続けていらっしゃるので（大丈夫であろうと）、

それも頼もしうはべりつるほどに、多くの年ごろあり、Bかくたぐひなき心つきたまへりける阿闍梨の心やうになるまであひたるも、あまりの命長さの罪に[断定・用]ぞ[強意（↓）]覚えはべる[ラ変補動・体（↑）]。

それに関しては安心しておりました間に、多くの年月が過ぎ、このように例のない（渡宋の）志をお持ちになった阿闍梨の心の有様になるのに（私が）出会ったのも、あまりにも長生きをしすぎた罪だと思われます。

今はもし立ち寄りおはしたりとも、それまで世に生きてはべらじと、けふにても失せぬ[強意・終]べく覚えはべるなり[断定・終]。

今は、もし（成尋が帰国してこちらに）立ち寄りなさったとしても、それまで（私は）生きてはおりますまいと、今日にでもきっと死んでしまいそうに思われるのです。

嘆きわび絶えん[婉曲・体]命は口惜しくつゆ言ひ置かん[婉曲・体]言の葉もなし

（再び我が子に会うことはあるまいと）悲しく嘆きながら死んでいくような（我が）命は残念で、少しも（成尋に）言い残しておくような言葉もないことです。

と思ふほどに、蝉鳴く。おどろおどろしき声ひきかへ、道心起こしたる、「くつくつ

と思っているときに、（庭で）蝉が鳴く。騒々しい（真夏の）声と違って、仏道を修めようとする心を起こした、「つ

重要語句

- □ としごろ【年頃】長年の間。
- □ きんだち【君達】①貴族の子息。女子。②貴君。あなた。
- □ おこなふ【行ふ】①仏道修行をする。②実行する。治める。
- □ たのもし【頼もし】①頼りに思われる。心強い。②楽しみに思われる。
- □ たぐひなし【類無し】並ぶものがない。最も優れている。
- □ うす【失す】①消える。②命をなくす。
- □ おぼゆ【覚ゆ】①（自然にそのことが）思われる。②思い出される。③似ている。
- □ くちをし【口惜し】①残念だ。②身分がつまらない。物足りない。
- □ つゆ～なし　少しも～ない。
- □ おどろおどろし【驚ろ驚ろし】①大げさだ。②気味が悪い。恐ろしい。

法師」と鳴くも、**C** むなしき殻こそは梢にはとどめんずらめ、それにも劣りて、こ

くつく法師」と鳴いているのも、（中が）**からっぽな**脱け殻は梢に残すであろうが、（自分は）それにも劣って、こ

の身には影だにも見えず。

の身には（成尋の）**面影**さえも残っていない。

あはれに尽きせぬ涙こぼれ落つるに、人の来て言ふ。「筑紫よりよべまで来たる人

しみじみと尽きることのない涙がこぼれ落ちるときに、人が来て言う。「筑紫から昨夜やって来た人が、

の、『八月二十よ日のほどに、阿闍梨は唐に渡りたまひなんとて、船に乗るべきやうに

「八月二十日過ぎのころに、阿闍梨は唐にお渡りなさろうとして、船に乗るにちがいない**様子**で

ておはす、と聞きし』と申す」と言へど、**D** 文などもあらばこそは、

いらっしゃる、と聞きました』と申します」と言うけれども、（我が子からの）手紙などでもあるならば（ともかく、そうで

まことにやあらん、虚言にやあらん、と胸塞がりて、いとどしくあは

ないのだから）、本当であろうか、嘘であろうか、（と思う）と胸が詰まるようになり、**いっそうしみじみと**悲

れに悲しうて、

しくて、

E 淀みなく涙の川はながるれどおもひぞ胸をやくとこがるる

とどまることなく涙の川は流れているけれども、（成尋を）思う「思ひ」の火は（消えることなく）胸を焼き、思い焦が

れる**ばかり**です。

たち別れ聞えし日より、落つる涙の絶え間に、目も霧りて見えぬにも、目さへ見え

（成尋と）お別れ申し上げた日以来、落ちる涙の絶え間に、目も涙でくもって見えないのに、そのうえ目までもが

□むなし【空し・虚し】①からっぽだ。②むだだ。③はかない。

□かげ【影】①光。②姿。面影。

□やう【様】①形式。②様子。③状態。④理由。⑤方法。

□いとどし　ますますはなはだしい。

□あはれなり　①しみじみと心を動かされる。②しみじみと美しい。しみじみと趣深い。③かわいい。いとしい。④かわいそうだ。

□やくと【役と】①もっぱら。②たいそう。

□ながらふ【長らふ・永らふ・在ふ】①長続きする。②長生きする。

□こころうし【心憂し】①つらい。いやだ。②わずらわしい。③うらめしい。

□わりなし【理なし】①道理に合わな

ずなりて、長らへん命の心憂く、けふにても死なまほしく待つに、いとわり
〔婉曲・体　主格〕

（悪くなり）見えなくなって、**生き長らえる**ような命が**つらく**、今日にでも死にたいと（死を）待っているのだが、たいそう**つ**

なかりし心地にも、死なずなりにしも、いと心憂く覚ゆ。よその人は、深く
〔過去・体　完了・用　過去・体〕

らく苦しかった病気にも、死なずじまいになってしまったことが、たいそうなさけなく思われる。世間の人は、この世をたい

世をあはれと思ひたる気色にも、心一つのみわびしくて、わびては、これ F この

そうはかないと思っている様子であるにつけても、（私の）心だけが**苦しくつらく**て、**悩ん**では、この苦しみは この世（だけ）に

世のことにあらじ、前の世に契り置きてこそ仇敵なる子もあんなれ、
〔断定・用　強意（↓）　断定・体　ラ変動・体（撥）　伝聞・已（↑）〕

原因があるのではあるまい、（世の中には）前世で**約束をかわして**［＝因縁によって］仇敵と思われるような子もあるようだが、

これは G 多くの年ごろ、飽かぬことなくてあらせたまへるかぎりの、ありける月日のか
〔打消・体　使役・用　完了・体〕

私は長年、何の不**満足**もなくて過ごさせてくださったことにも**限度**があり、そうした月日の限度であろ

ぎりにや、と思ひなせど、心のうちは慰む方なくて、今はただ律師一人あつかひたま
〔断定・用　疑問（↓省）〕

うか、と思い**込もうとする**けれども、心の中は慰みようもなくて、今はただ律師一人が（私の）**世話をして**くださ

ふぞ、いとほしく覚ゆる。よろづにつけて恋しく、などて、ただ、いみじき声を出だ
〔強意（↓）　下二動・体（↑）　疑問（↓）〕

るのが、**気の毒**に思われる。何につけても（成尋が）恋しく、**どうして**、ただひたすら、**大**声をあげて泣きわ

して泣き惑ひても、控へとどめ聞えずなりにけん、と悔しうぞ。
〔完了・用　過去推量・体（↑）　強意（↓省）〕

めいてでも、（成尋を）お引き止め申し上げなかったのだろう**か**、と後悔されることだ。

［出典：『成尋阿闍梨母集』二巻　尽きることない悲嘆の涙］

いこと。ひどい。無理やりだ。②どうしようもない。③苦しい。④すばらしい。

□わびし【侘し】①つらく苦しい。②貧しくみすぼらしい。③興ざめだ。

□わぶ【侘ぶ】①思い悩む。②さびしい。③困る。④～しかねる。

□ちぎりおく【契り置く】互いに約束しておく。

□あく【飽く】①満足する。②飽きていやになる。

□かぎり【限り】①限度。②機会。③人生の終わり。

□なす【為す】（動詞の連用形について）①ことさら～する。②～のようにする。

□あつかふ【扱ふ】①世話をする。②もてなす。③用いる。

□いとほし ①気の毒だ。②かわいい。

□などて ①どうして～か。②どうして～か、いや～ない。

□いみじ ①すばらしい。②ひどい。恐ろしい。③並々ではなくたいそうなことだ。

龍谷大学 都のつと

作品解説■ 南北朝期の歌僧である宗久によって書かれた紀行文。修行のために東国を行脚したときのことを綴る。松尾芭蕉の『おくのほそ道』に影響を与えた。

別冊（問題） p. 48

解答

問一	問二	問三	問四	問五	問六	問七	問八
②	①	④	②	③	②	③	②
3点	4点	4点	4点	4点	5点	2点	4点

合格点 22／30点

問題文の概要

あらすじ● 春、上野の国へ行った筆者に、一夜の宿を貸す人がいた。その家主は筆者の僧形を見て、自分にも出家の願いがあったが叶わなかったと話す。家主に引きとめられたが、筆者は再訪を約束して旅立った。秋に家主を訪ねると、家主は七日前に亡くなっていた。約束を果たせなかった筆者は後悔すると同時に人の命のはかなさを改めて思い知る。また、白川の関では、能因の歌を思い出し、自らも歌を詠んだ。

内容解説● 前半は、旅先で出会った人物との心の交流を描いています。約束を果たせなかった筆者の痛恨の思いと人の命のはかなさが伝わってきます。後半は、歌枕（和歌に詠まれた名所）の白川の関で、旅を愛した能因に思いを馳せ、自らも歌を詠んでいます。

設問解説

問一　適語の補充

ポイントは、季節を象徴する自然の景物です。1行目に「春に成りしかば（春になったので）」とあり、空欄の後に「梅のやうやう散り過ぎたる（梅の花がしだいに散って）」とあるので、春の後半だと判断できます。よって、正解は②「三月」となります。

解答　②

関連メモ　現代との季節感の違い

季節と月

一月・二月・三月…春
四月・五月・六月…夏
七月・八月・九月…秋
十月・十一月・十二月…冬

季節を象徴する植物

春…梅・桜・柳・山吹・藤
夏…卯（う）の花（はな）・花橘（はなたちばな）・菖蒲（あやめ）
秋…薄（すすき）・萩（はぎ）・荻（をぎ）・菊・女郎花（をみなへし）

問二　解釈

まずは傍線部①を訳します。

①あらまし｜②のみ｜③にて｜今日｜まで｜過ぐし｜④侍り（はべ）｜つる｜に

①［名］予定。計画。
②［副助］限定［～ばかり］
③［格助］状態［～で］
④［補動］「侍り」の連用形。丁寧［～ございます］

直訳▼計画ばかりで今日まで過ごしましたが

ポイントは「あらましのみにて」の内容です。選択肢を見ると、「計画を立てただけ」の意味になっているのは、①「それを実行しないまま」と②「何の行動もしないで」です。①と②の違いは、計画の内容です。「出家」なのか「旅」なのか。「計画」が何の計画だったのか、本文から根拠を探します。

まず、傍線部①が誰の発言であるかを判断します。第一段落では、筆者は上野の国（＝現在の群馬県）で、一夜の宿を借ります。その宿の主人と話をしている場面です。会話のカッコの前の「世を厭ひそめける心ざしの程など、細かに問ひ聞きて」は、「世を厭（いと）ふ」が「出家をする」という意味で、「出家をした心境などを細く質問して」となりますが、「問ひ聞きて」の主

8

語はその前にある「家主」です。ということは、**出家しているのは筆者（＝宗久）**だということです。リード文には書いてありませんが宗久は出家していて、僧の姿で旅をしています。出家して旅をしている宗久に、**家主が出家したときの心境を質問したということです**。この時点で、家主が話題にしているのは「出家」だと判断して、①を選ぶこともできます。確認のため、傍線部①を含む会話全体の内容を見ます。

4行目の「問ひ聞きて」に続いているので、会話は家主のものだとわかります。「われも」と主語が示され、丁寧語の「侍り」があるので、傍線部①「過ぐし侍り」の主語は「私（＝家主）」となります。傍線部の直前の「背かれぬ身の絆しのみ多くて」の「背く」は「出家する」の意味で、「絆し」は、「人の身の自由を束縛するもの」の意味ですが、「出家を妨げるもの」の意味で用いられ、主に家族などを指します。このことを知っていれば、**家主の「あらまし」は「出家の計画」**だとわかります。正解は①「出家したいという思いを抱くだけで、それを実行しないまま今日まで過ごしてきたということ。」です。

解答 ①

問三 解釈

傍線部②が第二段落の最初にあるので、第一段落の最後の内容をまとめます。**問二**で見た内容の後です。家主は「暫しはここに留まりて、道の疲れをも休めよ」と声をかけてくれます。しかし、それに続く、「末に……契りおきて出でぬ」は、「先に急ぐことがあったので」と家主のせっかくの申し出を筆者が断って、「秋の頃に必ず立ち寄る」との約束をして宿を出た、という内容です。これを踏まえて傍線部②を訳します。

> ①かの｜②行方｜も｜③おぼつかなく｜て
>
> ①「かの」＝**代名**「か」＋**格助**「の」。遠くにあるものを指す。
> ②**名** 将来。行く先。
> ③**形**「おぼつかなし」の連用形。はっきりしない。気にかかる。
>
> **直訳** ▼ あの行く先も気にかかって

選択肢を見ると「おぼつかなくて」の訳はどれも似た意味になっているので、「かの行方」の意味が決め手となります。

読解ルール 日記文において一人称（私）の主語は省略される！

日記では「私」という主語は省略されます。わかりきったことだからです。この問題ではリード文に「宗久が東国に旅をした時の体験」とあり、リード文の主語である「宗久（私）」が、本文の最初の行為「越え侍りし」までかかっていきます。段落が変わっても主語が明記されていないので、「宗久」の主語が継続していると考えられ、「おぼつかなくて」の主語は、筆者だと判断できます。よって遠くにあるものを指す語である「かの」の指し示す内容は「筆者」ではなく「家主」となります。選択肢②と③は「かの」を「旅人」としていますが、「旅人」は筆者なので間違いです。筆者が家主に再訪の約束をした時点で「病気だった」という記述はないので、①は間違いです。

読解ルール 「て」は同じことの言い換えを表す！

また、言い換えを表す「て」に着眼すると、「かの行方もおぼつかなく」＝「わざと立ち寄りて訪ひ」となり、「わざと立ち寄りて訪ひ」は「わざわざ立ち寄って訪ねる」という意味なので、筆者は、**再訪を約束した家主のことが気になって、わざわざ訪ねた**、ということになります。よって、④「家主のその後も気にかかったので」が正解です。

解答 ④

問四 解釈

傍線部③「さしもねんごろに頼めしに」を、まずは訳します。ポイントは「頼む」の意味です。

①さしも ― ②ねんごろに ― ③頼め ― ④し ― に

①副 あんなに。
②形動【懇ろなり】心の込もったさま。
③動「頼む」期待させる。約束する。（下二段活用の連用形）
④助動「き」の連体形。過去［〜た］

直訳 ▼ あんなに心を込めて期待させたのに

よって、正解は②「あれほど心から約束して期待させていたのに」です。これは、第一段落の最後で、筆者が家主に再訪を約束したことを指します。下二段活用の「頼む」は「契る」と同義なので、それもヒントになります。

頼む
- 四段→期待する
- 下二段→期待させる（＝約束する）

筆者が約束を果たそうと家主を訪ねると、なんと家主は七日前に亡くなっていました。相手が亡くなってしまったら約束は果たせません。ですから、筆者は「なぜもう少し早く来なかったのか、あれほど約束したのに」と後悔します。「空頼め（そらだのめ）」とは「あてにならない期待をさせること」で、「頼め」は動詞「頼む」の連用形が名詞化したものです。「いかに空頼めと思はれけむ」には、約束を果たせず家主を失望させてしまったことへの後悔の気持ちがよく表れています。

解答 ②

問五　解釈

傍線部④「今はの時までも申し出でし物を」は、家主の死を知った筆者が家族に最期の様子を尋ねた、それに対する家族の返事の中にある言葉です。よって、「申し出で」の主語は家主です。それを踏まえて訳します。ポイントは「今は」の意味です。

> ①今は｜の｜時｜まで｜も｜②申し出で｜③し｜④物を
>
> ①名 臨終。最期。
>
> ②動「申し出づ」口に出して申し上げる。「言ひ出づ」の謙譲語。
>
> ③助動「き」の連体形。過去［～た］
>
> ④終助 詠嘆［～のになあ］
>
> 直訳▼ 臨終のときまで口に出して申していたのになあ

「今は」という語は現代語でも使いますが、もしこれを知らないとしても、直前に「終（つひ）」という言葉もあり、家主が一週間前に亡くなったという状況から選択肢を絞ることができます。

①と②は「今の今まで」となっていますが、家主は一週間前に亡くなっているので、不適です。よって、③と④が残ります。

③と④の決定的な違いは、③は、「今はの時まで」を**副詞的に捉えている**のに対して、④は「今はの時まで」を「申し出で」の**目的語（内容）として捉えている**ということです。傍線部④は家主の死ぬ間際の様子を表しているので、④の「あらかじめ」は文脈に合わず、「今はの時まで」を家主の発言の内容と考えることもできません。「臨終のときがいつかまであらかじめ申していた」では、家主の死ぬ時期があらかじめわかっていてそれを伝えていた、ということで、13行目の「無常迅速（人の死はいつ突然やってくるかわからない）」の考えに合致しません。よって、「今はの時まで」を副詞的に捉えた③「**臨終のときまでもあなたのことを申していましたのに**」が正解です。

家主は臨終の間際まで、筆者との再会を待ち望んでいたということです。人の命のはかなさを感じる、なんとも悲しい話です。第二段落最後の**「無常迅速」は、人の命のはかなさを表す重要語句**です。

解答 ③

問六　内容説明

第四段落の「かの能因が」以下に歌の詠まれた事情が書かれているので、そこをまとめます。「東へ下りたる由にて暫し籠（こも）り居て、この国にて詠みけると披露しける」とありますが、ポイントは「由」の意味です。「由」には「理由・由緒・手段・風流・ふり」などたくさんの意味があるので、文脈から意味を判断します。

読解ルール 「て」は同じことの言い換えを表す！

「東へ下りたる由に」＝「暫し籠り居」ということです。「籠(こ)もっていた」ということはどこにも行っていないということで、「東に下りたる」は嘘(うそ)だということです。嘘だということは、下った「ふり」をしたのだと判断できます。また、19行目「その境に至らで」は、「その場所に行かないで」の意味です。選択肢の中で「行っていない」という内容になっているのは、②「白川に行ったふりをして」しかありません。**能因は白川の関まで実際には行かないで、行ったふりをしてしばらく家に籠もっていて、白川の関へ行って詠んだ歌と偽って披露した**ということです。そして20行目「一度はうるはしく下りけるにや」は、能因の書いた「八十嶋(やそしま)の記(き)」を根拠に、「一度は実際に行ったのかもしれない」と思っているということです。よって、②「白川に行ったふりをして詠んだそうだが、本当に行ったと思われるふしもある。」が正解となります。このエピソードは、さまざまな作品で取り上げられている有名な話です。能因は自分の歌の評価を上げるために、日焼けまでして白川へ行ったふりをして、この歌を実際に白川を目にして詠んだ実感がこもっている歌にしたかったのです。

「都をば」の歌も入試頻出なので、解説をしておきます。「霞(かすみ)」は春を象徴するものなので、この歌は、春、都を出発した能因が白川の関に着く頃には秋になってしまっていた、という内容です。都から白川の関までの旅の長さを季節の変化によって表しています。「たつ」は「都を出発する」の意味の「発つ」と「霞が立ちのぼる」の意味の「立つ」の掛詞(かけことば)で、「霞」と「立つ」は縁語です。なお、この文章では「白川」となっていますが、一般的には「白河」と表記します。

解答 ②

関連メモ **掛詞として登場する関所**

逢坂(おうさか)の関 「逢」に「男女が逢(あ)う」の意味が掛けられる。
白河の関 「白（しら）」に「知ら」が掛けられる。
勿来(なこそ)の関 「勿来（なこそ）」に「な来そ（来るな）」が掛けられる。

問七 文法（「らむ」の識別）

●「らむ」の識別●
u音＋「らむ」→現在推量の助動詞「らむ」
e音＋「ら」＋「む」→完了・存続の助動詞「り」の未然形＋推量の助動詞

このように「らむ」は直前の語の音によって判断できます。「詠め」の「め」がe音なので、正解は③となります。

ちなみに「詠め」の読み方はわかりますか。「よむ」とも「ながむ」とも読めます。どちらの読み方をしても意味はほぼ同じですが、「よむ」の場合は四段活用動詞、「ながむ」の場合は下二段活用動詞です。完了・存続の助動詞「り」は、四段活用動詞とサ変動詞にしか接続しないので、「詠め」は「よめ」と読むことがわかります。

解答 ③

問八 文学史（→148ページ参照）

①**柿本人麻呂**（かきのもとのひとまろ）…『万葉集』（まんようしゅう）の代表的歌人。
②**紫式部**（むらさきしきぶ）…平安中期の女流作家。『源氏物語』（げんじものがたり）の作者。
③**藤原定家**（ふじわらのていか）…鎌倉前期の歌人。『新古今和歌集』（しんこきんわかしゅう）の撰者（せんじゃ）。
④**上田秋成**（うえだあきなり）…江戸時代中後期の読本（よみほん）作家。歌人。『雨月物語』（うげつものがたり）の作者。

よって、正解は②となります。

解答 ②

現代語訳

春に成りしかば、上野の国へ越え侍りし（過去・体）に、思はざるに、一夜の宿を貸す人あり。
春になったので、上野の国（＝群馬県）へ越えて行きましたところ、思いがけず、一夜の宿を貸してくれる人がある。

三月の初めの程なり（断定・用）し（過去・体）に、軒端の梅の（主格）やうやう散り過ぎたる木の間に霞める（存続・体）月の影
三月の初めの頃だったので、軒端の梅がしだいに散り終わっている木の間に霞んでいる月の光

も雅びかなる心地して、所の様も、松の柱、竹編める（存続・体）垣し渡して、ゐな
も風流な気持ちがして、所の様子も、松の木で作った（粗末な）柱や、竹を編んで作った垣をめぐらしていて、田舎

かびたる、さる方に住みなしたるも**由ありて**見えし（過去・体）に、家主**出であひて**、**心ある**様に
びている、そういう（田舎びた）ように住んでいるのも**風情がある**ように見えたが、家の主人が**顔を合わせて**、**情趣を解する**様

重要語句

□よしあり【由あり】①由緒がある。②情緒がある。
□いであふ【出で逢ふ】①対面する。②でくわす。
□こころあり【心有り】①情緒を解する。②思慮分別がある。
□とぶらふ
【訪ふ】①訪問する。②見舞う。
【弔ふ】弔問する。

旅の愁へをとぶらひつつ、世を厭ひそめける心ざしの程など、細かに問ひ聞きて、「われも常なき世のあり様を思ひ知らぬにはあらねども、背かれぬ身の絆しのみ多くてかかづらひ侍る程に、①あらましのみにて今日まで過ぐし侍りつるに、今夜の物語になむ、捨てかねける心の怠りも今更驚かれて」など言ひて、「暫しはここに留まりて、道の疲れをも休めよ」と語らひしかど、末に急ぐ事ありし程に、秋の頃必ず立ち帰るべき由、契りおきて出でぬ。

子で旅のつらさの**見舞いを述べ**ながら、（私が）**出家する**に至った**心境**のようすなどを、細かく尋ね聞いて、「私も**無常の世**の有様を思い知らないではないけれども、**出家する**ことができない**束縛**ばかり多くて**世を捨てかね**ておりますうちに、（出家をする）**計画**ばかりで今日まで過ごしてきましたが、今夜の（あなたの）お**話**で、（世を）**捨て**かねていた**怠慢な**気持ちも今更ながら**気づか**ずにはいられなくて」などと言って、「しばらくここに留まって、旅の疲れをも休めてください」と**説得し**たけれども、先に急ぐことがあったので、秋の頃必ず立ち戻るつもりであることを、**約束し**て旅立った。

（打消・体／断定・用／打消・已／可能・未／打消・体／強意（↓）／自発・用（↑流）／過去・体／完了・終）

その秋八月ばかりに、②かの行方もおぼつかなくて、わざと立ち寄りて訪ひ侍りしかば、その人は亡くなりて、今日七日の法事行ふ由答へしに、あへなさも言ふ限りなき心地して、などか今少し急ぎて訪ねざりけむ、③さしもねんごろに頼めしに、

その秋の八月頃に、あの家主のその後も**気にかかる**ので、**わざわざ**立ち寄って訪ねましたところ、その人は亡くなって、今日初七日の法事をとり行うということを（家族が）答えたので、（**人の命の**）**はかなさも言っても言い尽くせない**気持ちがして、どうしてもう少し早く訪ねなかったのだろう、**あれほど心から**（約束して）**期待させて**いたのに、

（過去・体／疑問（↓）／過去推量・体（↑）／過去・体）

□よをいとふ【世を厭ふ】世俗を捨てる。出家する。
□こころざし【志】①本意。意向。②誠意。愛情。③お礼の贈り物。
□つねなきよ【常なき世】無常の世。
□そむく【背く】①背を向ける。さからう。②別れる。③世俗を捨てる。出家する。
□ほだし【絆し】人の身の自由を束縛するもの。
□かかづらふ ①関係する。②つきまとう。③生きながらえる。④世を捨てかねる。
□あらまし ①計画。予定。②大体のこと。
□ものがたり【物語】①話をすること。②物語。
□すつ【捨つ・棄つ】①捨てる。②出家する。
□おこたり【怠り】①怠けること。②失敗。③わびること。
□おどろく【驚く】①目を覚ます。②はっと気がつく。
□かたらふ【語らふ】①話を交わす。

偽りのある世ながらも、いかに空頼めと思はれけむと、心憂くぞ侍りし。

（人の言葉は）偽りのある世ではあるが、どんなに**あてにならない期待**をさせたことだと思われただろうかと、**つろう**ございました。

さて終の有様など尋ね聞きしかば、「④今はの時までも申し出でし物を」とて、跡の人々泣きあへり。有待の身、初めて驚くべきにはあらねども、無常迅速なる程も、今更思ひ知られ侍りし。

そして**臨終**の様子などを（遺族に）尋ねて聞いたところ、「**最期**のときまでも（あなたのことを）申していましたのに」と言って、後に残された人々はみな泣いている。人の身として、初めて驚くようなことではないけれども、**死が突然襲うものである**ということも、今更ながら思い知られました。

（中略）

いとど塵の世もあぢきなく覚えて、ありか定めず迷ひありきし程に、室の八島なども過ぎて、身にしみ侍りき。

いっそう俗世も**つまらなく**思われて、住み処（か）を定めずさまよい**歩い**たうちに、（下野国の）室の八島なども過ぎて、身にしみました。

春より都を出で侍りしに、またこの秋の末にこの関を越え侍りしかば、古曽部の沙弥能因が、「⑤都をば霞とともに立ちしかど秋風ぞ吹く白川の関」と詠じけるはまこと

春から都を旅立ちましたが、またこの秋の末にこの（白河の）関を越えましたので、（摂津国の）古曽部（こそべ）の僧能因が、「都を春の霞とともに旅立ったが、（いつのまにか）秋風が吹く（季節になった）ことだ。この白河の関は」と詠

---

②（特に男女が）親しく交際する。③説得して仲間に引き入れる。

□よし【由】①風情。②由緒。理由。③手立て。方法。④〜ということ。趣旨。

□ちぎりおく【契り置く】互いに約束しておく。

□おぼつかなし ①はっきりしない。②気がかりで不安だ。③待ち遠しい。

□わざと ①わざわざ。特に。②本格的に。

□あへなし【敢へ無し】①張り合いがない。②どうしようもない。

□いふかぎりなし【言ふ限りなし】言葉では言い尽くせない。

□さしも ①あんなに。あれほど。②そのようにも。どうも。

□ねんごろなり【懇ろなり】①心をこめて丁寧である。②親密だ。③正直だ。

□たのむ【頼む】

四段 ①信頼して頼りにする。②約束する。

下二 頼りにさせる。あてにさせる。

□そらだのめ【空頼め】あてにならな

断定・用　詠嘆・終
なりけりと、　思ひ合はせられ侍り。かの能因が、この歌のために、なほ

んだのは本当のことだったのだなあと、自然と思い合わせられました。あの能因が、この歌を詠むために、やはり

婉曲・体
その境に至らで⑥詠めらむは無念なりとて、東へ下りたる由にて暫し籠り居て、この

その場所に行かないで詠んだというようなことは残念だと言って、東国へ下ったことにしてしばらく籠もっていて、この

疑問（↓省）　断定・用　疑問（↓省）
国にて詠みけると披露しけるとかや。一度は**うるはしく**下りけるにや、「八

（陸奥（むつ）の）国（の白河）で詠んだ歌だとして披露したとかいうことだ。一度は**きちんと**（陸奥に）下ったのだろうか、（能因

主格　強意（↓）
十嶋の記」などいふ物、書きおきて侍り。竹田大夫国行が水鬢掻きけむまでこそなく

は）『八十嶋の記』などという紀行文を、書き残しています。竹田大夫国行が水でこめかみの辺りの髪のほつれを掻き撫（な）でた

（↑流）
とも、　この所をばいささか**心化粧**しても過ぐべかりけるを、さも侍ら

とかいうことまではなくても、この所を少々**改まった気持ち**ででも過ぎ行くべきであったが、そうしません

過去・体　強意（↓）　断定・用　過去・已（↑）
ざりしこそ**心後れ**に侍りしか。

でしたことは**気のきかないこと**でありました。

疑問（↓）　現在推量・体（↑）　主格
都にも今や吹くらむ秋風の身にしみわたる白川の関

都にも今は（秋風が）吹いているだろうか。秋風が身にしみ渡る白河の関であることよ。

［出典：『都のつと』］

いことを頼りにする、またはさせること。

□こころうし【心憂し】①つらい。いやだ。②わずらわしい。③うらめしい。

□つひ【終】終わり。最後。死。

□いまは【今は】臨終。死に際。

□むじゃうじんそく【無常迅速】人の一生の短さとはかなさ。

□いとど　いっそう。ますます。

□ちりのよ【塵の世】浮き世。俗世間。

□あぢきなし【味気無し】①道理に外れている。②甲斐（かい）がない。③おもしろくない。

□ありく【歩く】①動き回る。②〜して回る。〜し続ける。

□うるはし【美し・麗し】①整っている。きちんとしている。②立派だ。整って美しい。

□こころげさう【心化粧】自分自身の言動に気を配ること。

□こころおくれ【心後れ】①心の働きが劣っていること。②ひるむこと。

8

9 随筆

名城大学 方丈記

作品解説 ■ 一二一二年に、鴨長明によって書かれた随筆。人生の無常と俗世を離れた日野山での閑居の生活を、格調高い和漢混交文で記す。『徒然草』とともに中世を代表する随筆。鴨長明は他に仏教説話集『発心集』、歌論『無名抄』も書いている。

別冊（問題） p. 54

解答

問	解答	配点
問一	(ア) ③　(イ) ①　(ウ) ④　(エ) ④　(オ) ⑤　(カ) ③	1点×6
問二	⑤	2点
問三	④	2点
問四	③	2点
問五	⑤	3点
問六	②	2点
問七	⑤	2点
問八	③	3点
問九	①	3点
問十	④	5点

合格点 26／30点

問題文の概要

あらすじ ● 方丈の庵に住み始めたときから、すでに五年が経った。ここ（日野山）に移った後、都では多くの人が亡くなり多くの家が滅びたが、自分の庵は無事である。やどかりやみさごのように、静かな暮らしだけが望みである。人は他人のために家を造るが、妻子も召使もいない自分は自身のために造った。人は財産や見た目の感じ良さで友を選ぶが、そんな友ならいないほうがよい。恩賞や恩顧を求める召使もいらない。すべきことがあれば自分で行えばよい。そうすれば気を遣わずに済むからだ。

内容解説 ● 第一段落では、自分が移り住んだ方丈の庵について言及しつつ、「家」についての見解を述べ、第二段落では、「友」と「召使」についての見解を述べて、隠遁生活を肯定する姿勢を示しています。漢文訓読調や対句表現を多用した文章全体からは、「無常観」をうかがうことができます。

設問解説

問一　語句の意味

傍線部(ア)「あからさま」は「満足できないうちに事の散り散りになる様」を表す形容動詞で、「急だ・ちょっとの間である・その場しのぎである」などの意味があります。

読解ルール　「ど（ども）」は前後が対比関係にあることを表す！

傍線部の直後の「思ひしかども」の「ども」は逆接の接続助詞で、「あからさま」と「五年（いつとせ）」が対比の関係にあることがわかります。⑤「ありのまま」は「五年」と対比されるものではないので間違いです。①「そっけなく」②「すぐさま」④「あっけなく」の意味はありません。よって、正解は③「ほんのしばらく」です。ほんのしばらく住もうと思っていたが、五年も経ってしまったということです。

傍線部(イ)「おのづから」は「自然と・たまたま・もしも・ひょっとして」などの意味の副詞です。傍線部の下の「ことの便りに都を聞けば」は「何かのついでに都のことを聞くと」の意味で、「おのづから」は「聞くと」にかかるので、「たまたま」が文意に合います。④「もしも」は仮定文、⑤「ひょっとして」は何かを予想するときに用いる表現なので間違いです。②「ゆっくりと」③「みずから」の意味はないので間違いです。よって、①が正解です。

傍線部(ウ)「程」は「時間、空間、物事の状態に関して、おおよその範囲」を表す名詞で、「程度・身分・距離・広さ・時間・様子」などさまざまな意味があります。下の「せばし」は「狭し」なので、ここは、「広さ」の意味が合います。よって④が正解です。

傍線部(エ)「走る」は「わしる」と読み、「はしる・あくせくする」の意味があります。ここは、やどかりとみさごを例に挙げて、世俗を捨てて隠遁生活をする自分の暮らし方を述べているところです。直前の「願はず（世俗の望みを持たない）」も、直後の「ただしづかなるを望みとし」も隠遁生活を表したものと判断できます。「しづかなる」と同義であるのは「あくせくしない」です。「あくせくする」とは「心にゆとりがなく、目先のことにとらわれてせわしなく事を行うさま」の意味で、「走る」という語は、仏教説話などで、世俗の欲望にとらわれて生きる人を象徴する表現として用いられます。①「わすれない」②「あきらめない」③「わからない」⑤「あらそわない」の意味はありません。よって、④「あくせくしない」が正解です。

問十の選択肢③では、この「走らず」を「焦らず」と解釈していて、これもヒントになります。

9

傍線部（オ）「むすぶ」には「結ぶ」と「掬ぶ（手ですくう）」がありますが、8行目に「世の人のすみかをつくる」とあるように、「家を造る」ことについて述べているので、「掬ぶ」ではなく「結ぶ」が正しく、また「むすぶ」の目的語は「すみか（家）」なので、「造る」の意味になります。「〜のためにつくる」という表現が何度も出てくるのがヒントです。「むすぶ」には①「固まる」と④「約束する」の意味もありますが、「すみか」を目的語としないので間違いです。③「現れる」の意味はありません。よって、**正解は⑤「造る」**です。

傍線部（カ）「糸竹（しちく）」は、「糸」が「弦」、「竹」が「管」を表し、「管弦」つまり「音楽」の意味です。下の「花月」は、風流を代表するものなので、これもヒントです。**正解は③「音楽」**です。

解答 （ア）③ （イ）① （ウ）④ （エ）④ （オ）⑤ （カ）③

問二 文法（品詞分解）

「かくれ」の終止形は「かくる」で、打消の「ず」を接続させると、「隠れ（e）ず」となり、活用語尾が「e音」なので、下二段活用の動詞です。「たまへ」は補助動詞なので「かくれ」は連用形です。選択肢を見ると、③④⑤が「連用形」となっていて、それ以外を除くことができます。「たまへ」には、四段活用の尊敬の補助動詞と下二段活用の謙譲の補助動詞がありますが、下の「る」は「たまへ（e音）」に接続しているので、完了の助動詞「り」の連体形です。完了の「り」は四段活用の已然形（いぜん）（命令形）とサ変動詞の未然形にしか接続しないので、「たまへ」は四段活用の尊敬の補助動詞の已然形ということです。よって、**正解は⑤**です。ちなみに、「かくれ」は「亡くなる」の意味で、傍線部は「お亡くなりになった」という意味ですが、**問十**の選択肢①がヒントになります。

●「る」の識別●

1 完了・存続の助動詞「り」の連体形
e音＋「る」

2 自発・可能・受身・尊敬の助動詞「る」の終止形
a音＋「る」

●補助動詞「給ふ」の二つの用法●

1 四段活用の「給ふ」

語幹	未然形	連用形	終止形	連体形	已然形	命令形
給	は	ひ	ふ	ふ	へ	へ

＊尊敬語…行為の主体への敬意を表す。

2 下二段活用の「給ふ」

語幹	未然形	連用形	終止形	連体形	已然形	命令形
給	へ	へ	（ふ）	ふる	ふれ	○

＊**謙譲語**…会話の聞き手や手紙の読み手への敬意を表す。
＊「思ふ」「見る」など知覚動詞にのみ接続する。
＊一人称（私）が主語となる。

解答 ⑤

問三　文法（助動詞の意味）

助動詞「べし」は推量の助動詞「む」を強めた働きなので、「む」と同じように考えることができますが、主語がはっきりしない場合などは、文脈によって判断する必要があります。
（↓132ページ「む」の識別）
まずは、「べし」の識別の仕方を示します。

●「べし」の意味の識別●
主語が一人称↓「〜しよう」
主語が二人称↓「〜がよい」「〜べきだ」「〜しなさい」
主語が三人称↓「〜だろう」「〜はずだ」
困難な状況のとき↓「〜できる」

傍線部の前後を伸ばして「尽くしてこれを知るべからず」で、考えます。

「尽くして」は「全部を出して」の意味で、「これ」は傍線部の前の「その数ならぬたぐひ」を指します。「その数ならぬたぐひ」は「まして」によって「やむごとなき人」と対比されていて、「大した身分でもない人々」のことです。**問二**で見たように、「かくれ」は「亡くなる」の意味なので、「身分の高い人が大勢亡くなった、ましてそれほどでもない身分の人が亡くなった数」となり、これが「知る」の目的語です。「大勢の人が亡くなった数」をすべて知るのは「困難」なことなので、「べし」の意味は**可能**で、「それほどの身分ではない人の死んだ数をすべて数え上げて知ることはできない」の意味になります。

選択肢を訳します。

① 人の歌の返歌は、すばやくするべきなのに。
② 男は、病気になって、気持ちが死にそうに感じられたので。
③ 家の作り方は、夏を第一に考えてするのがよい。
④ その山は、見ると、まったく登ることができる方法がない。
⑤ この一本の矢で決めようと思いなさい。

①は、歌の返歌の仕方について意見を述べているので、「～すべき」の意味。
②は、主語は三人称で、「～しそう」の意味。
③は、家の作り方について意見を述べているので、「～がよい」の意味。
④は、山を登ることは「困難」なので、「～できる」の意味。
⑤は、主語は一人称で、「～しよう」の意味。

よって、**正解は④**です。 **解答** ④

問四　省略語補充

「いくそばく」は「幾十許」と書き、「数多く」の意味です。**問三**で見たように、都では数多くの人が亡くなった、という記述に続くのが、「たびたびの炎上にほろびたる家」で、これが「いくそばくぞ」の主語なので、「いくそばくぞ」は「数多くあるだろう」の意味になるはずです。係助詞「ぞ」の係り結びによって文末は連体形になります。

選択肢を見ると、①「あらぬ」と②「あらね」、⑤「あらず」の「ぬ」と「ね」と「ず」は打消の助動詞なので、「ない」の意味になって間違いです。④の「あらめ」の「め」は「む」の已然形なので、間違いです。よって**正解は③**です。 **解答** ③

問五　表現法

まずは、選択肢の表現法を説明します。

直喩……一つの事物を直接他の事物にたとえること。「ようだ」「ごとし」などを用いてはっきりと比喩だとわかるもの。

（例）彼は鬼のような男だ

隠喩（暗喩）……事物をたとえるときに、「ようだ」などの言葉を用いず、そのものの特徴を直接表現すること。

（例）彼は鬼だ

誇張法……事物を過度に大きくまたは小さく形容すること。

（例）猫の額ほどの土地

擬人法……人間以外のものを人間に見立てて表現すること。

（例）風がささやく

対句……語格・表現形式が同一（類似）の二つの句を並べること。対照・強調の効果を与える。

（例）月に村雲　花に風

読解ルール **「を」「に」に着目して、文の構造を捉えよ！**

傍線部の文構造（ＳＶＯＣ）を、格助詞「を」や「に」に着眼して確認しましょう。

> Ｓ　Ｏ　Ｖ　Ｏ　Ｖ
> 寄居虫は小さき貝を好む。身を知れるによりてなり
> ⇔
> Ｓ　Ｃ　Ｖ　Ｏ　Ｖ
> 鶚は荒磯にゐる。人をおそるるがゆゑなり

「寄居虫（かむな）」と「鶚（みさご）」が主語で、下に動詞が続き、ほぼ同じ構造の文を並べているので、「対句」です。正解は⑤です。

対句は漢文に多く見られる表現法ですが、『方丈記』は漢文調の文章なので、このような対句表現が随所に見られます。

傍線部の後に「われまたかくのごとし（私もまたこれと同じだ）」とあります。「ごとし」は、比喩的に同等・類似の意を表す助動詞なので、この部分は直喩です。「私はやどかりやみさごのように暮らしている」と、世俗を捨てた隠遁生活をやどかりとみさごにたとえて述べているのです。

問十の選択肢②はここを解釈したものです。現代語訳を見ても対句になっていることがよくわかります。

解答 ⑤

問六 **解釈**

傍線部を伸ばして「誰をか据（す）ゑん」で、考えます。品詞分解して直訳します。

> 誰｜を｜か①｜据ゑ②｜ん③
> ① **係助** 疑問［〜か］・反語［〜か、いや〜ない］
> ② **動** 「据う」の未然形。住まわせる。
> ③ **助動** 「ん（む）」の連体形。意志［〜しよう］
> **直訳** ▼ 誰を住まわせようか（いや、住まわせない）

「か」は疑問・反語の意味なので、どちらが適当か判断します。

傍線部の前の「たとひ、ひろくつくれりとも」の「とも」は逆接の仮定条件を表し、「たとえ家を広く造ったとしても」の意味です。これは筆者の家は狭かったことを受けて、逆の状況を仮定しています。11行目に「ともなふべき人もなく、頼むべき奴（やっこ）もなし」とあるように、筆者には家に一緒に住む人はいないので、たとえ広い家を造っても一緒に住む人はいないということです。よって、「誰をか」の「か」は疑問ではなく反語の意味となり、正解は②です。

解答 ②

問七 **語句の文法的説明**

「それ」は漢文の「夫」の訓読からできた言葉で、**文の初め**

に用いて改まった感じで以下の事柄を述べ立てる意を表します。もしこれを知らなくても、第一段落の「家」から、「友」に話題が転じる第二段落の冒頭にあるので、正解を選ぶことができます。⑤が正解です。選択肢①②③④の意味を持つ語は「それ（其）」です。

解答 ⑤

問八　解釈

「わが身を奴婢（ぬひ）とする」は「自分自身を召使とする」という意味です。傍線部の後の「いかが奴婢とするとならば」は「どのように召使にするかというと」の意味なので、それに続く「なすべきことあれば、すなはちおのが身をつかふ（なすべきことがあれば、とりもなおさず自分自身を使う）」は、傍線部の内容をわかりやすく述べていることがわかります。さらに、17行目の「もし、ありくべきことあれば、みづからあゆむ（出かけなければならないことがあれば、自分で歩く）」は、傍線部の具体例です。これらに気づけば正解を出すことができます。③「何事も人に頼らずに自分自身で行うこと。」です。**問十**の選択肢⑤もヒントになります。

解答 ③

問九　現代語訳

傍線部を品詞分解して直訳します。

①たゆから｜②ず｜③しも｜あら｜④ね｜⑤ど

① 形「たゆし」の未然形。疲れてだるい。
② 助動「ず」の連用形。打消［～ない］
③ 副助 強意
④ 助動「ず」の已然形。打消［～ない］
⑤ 接助 逆接確定条件［～けれど］

直訳▼疲れてだるくないこともないけれど

「たゆし」の意味と、二重否定がわかれば答えを出すことができます。「たゆし」を知らなくても、傍線部の前後を見れば理解できます。傍線部の直前に、**問八**で見たように「人に頼らず自分自身で行う」という記述があるので、「たゆし」は自分で行うことによって生じる状態だということです。

読解ルール　「ど（ども）」は前後が対比関係にあることを表す！

逆接の接続助詞は対比関係を表すので、「たゆからずしもあらね」の反対は、「やすし（安らか）」であるとわかります。さらに、17行目に「みづからあゆむ。苦し」とあるので、「たゆし」は「苦し」に近い意味だと判断できます。選択肢②③④⑤はどれも二重否定ではなく、「たゆし」の訳がないので間違いです。よって、正解は①です。

解答 ①

問十 内容合致

選択肢の記述と関わる箇所を本文から探して、間違いや矛盾点の有無を検討します。

① 自分がこの山中に住むようになってから五年になるが、その間にも都では多くの人々が亡くなっている。
→1行目「おほかた、……五年を経たり」、3行目「この山に……知るべからず」が合致。

② やどかりは身の程をわきまえているので小さな貝を好み、みさごは人間を恐れて荒磯に生息している。
→6行目「寄居虫は……おそるるがゆゑなり」が合致。

③ 自分は自らを知り、世間を知っているので、欲張らず焦らず、やどかりやみさごのように暮らしている。
→7行目「われまた……たのしみとす」が合致。

④ このような世の中にあって最も大切なのは友であり、友人と共に楽しく生きることこそが肝要である。
→14行目の「糸竹・花月を友とせんにはしかじ」の「にしかじ」は漢文表現で「～にこしたことはないだろう」の意味で、「音楽や自然を友にするのが最もよいだろう」となり、最も大切なのは友であるとは言っていない。筆者は世俗を捨てた隠遁生活を肯定し、「友人と共に楽しく生きること」を否定している。

⑤ なすべきことは人に頼らずに自分で行ったほうがよい、そうすれば人に気を遣わずに済むからである。
→16行目「もし、なすべきことあれば……心を悩ますにはしかず」が合致。

よって、正解は④です。

他の設問のヒントになります。とくに「合致しない」ものを選ぶ場合は、選択肢の内容が本文の内容と多く合致するために、読解を助けてくれます。今回は読みやすい文章だったので、**問十**の選択肢の助けがなくても解答できたかもしれませんが、難解な文章のときは、とても役立つことがあります。内容合致問題に読解を助けてもらう、これも入試の技の一つなので覚えておいてください。

問一、**問二**、**問五**、**問八**で解説したように、内容合致問題は

解答 ④

関連メモ 方丈記の冒頭部分

ゆく河の流れは絶えずして、しかももとの水にあらず。よどみに浮かぶうたかたは、かつ消え、かつ結びて、久しくとどまりたるためしなし。世の中にある人と栖(すみか)と、またかくのごとし。

現代語訳 流れてゆく川の水は絶えることなく、それでいて（その水は）もとの水ではない。よどみに浮かぶ水の泡は、一方では消え、一方では（また）できて、長い間とどまっている例がない。

世の中にある人と（その）住み処も、またこのような（水の泡と同じではかない）ものである。

この冒頭の文章では、『方丈記』の根底にある「無常観」がわかりやすく表現されています。「無常」とは、仏教用語としては「世の中にあるすべてのものは、消滅転変し続けて、常（一定）ではない」の意味で、「人の世の変わりやすいこと・人の命のはかなさ」を意味する言葉です。

現代語訳

おほかた、この所に住みはじめし時は、(ア)あからさまと思ひしかども、今すでに、五年を経たり。仮の庵もややふるさととなりて、軒に朽ち葉ふかく、土居に苔むせり。(イ)おのづから、ことの便りに都を聞けば、この山にこもりゐてのち、やむごとなき人のかくれたまへるもあまた聞こゆ。まして、その数ならぬたぐひ、尽くしてこれを知るべからず。たびたびの炎上にほろびたる家、またいくそばく

そもそも、この場所に住み始めたときは、ほんのしばらくの間と思ったけれど、今はもう、五年が経過した。仮の庵もだんだん住み慣れた所となって、軒先には朽葉が深く（積もり）、土台には苔が生えている。たまたま、何かのついでに都のことを聞くと、（私が）この山に引きこもって住んでから後、身分の高い人がお亡くなりになった方も多く耳にする。まして、それほどでもない身分の人（の死んだ数）は、すべて数え上げて知ることはできない。たびたびの火事で焼失した家は、またどれほど多いだろうか。

（し：過去・体／の：主格 問二／る：完了・体／ぬ：打消・体／べから：問三／いくそばく：問四）

重要語句

□おほかた【大方】①普通。一般に。②そもそも。
□あからさま　①急に。たちまち。②ちょっと。かりに。ほんのしばらく。
□ふるさと【古里・故郷】①昔の都。②実家。③田舎。里。
□おのづから【自ら】①自然に。②たまたま。③もしかすると。
□やむごとなし　①高貴で尊い。②並々でない。
□かくる【隠る】①隠れる。②亡くなる。
□あまた【数多】①たくさん。②非常

強意(↓省)
くぞ。ただ仮りの庵のみ、**のどけく**しておそれなし。(ウ)**程せばし**といへども、夜臥す床

ただこの仮の住処(すみか)だけは、**平穏で**何の心配もない。 **広さが狭い**といっても、 夜横になって

あり、昼ゐる座あり。一身を宿すに不足なし。**問五** 寄居虫は小さき貝を好む。

休む床があり、昼座っている場所がある。 我が身一つを宿すのに不足はない。 やどかりは小さい貝を好む。

存続・体　断定・終　断定・終
これ身知れるによりてなり。鶚は荒磯にゐる。すなはち、人をおそるるがゆゑなり。

これは身の程を知っているからである。 みさごは荒磯(ありそ)にいる。 とりもなおさず、人間を恐れるからである。

存続・已
われまたかくのごとし。身を知り、世を知れれば、願はず、(エ)**走**

私もまたこのよう〔=やどかりやみさごと同様〕である。 身の程を知り、世(の無常)を知っているので、(世俗の)望みを持た

主格
らず。ただしづかなるを望みとし、憂へなきをたのしみとす。すべて世の人の

ず、**あくせくし**ない。 ただ静かであることを望みとし、 心配がないのを楽しみとしている。 一般に世間の人が家を

すみかをつくるならひ、必ずしも、身のためにせず。或いは妻子・眷属のためにつくり、

造るならわしは、 必ずしも、自分のために造るのではない。 ある場合は妻子や一族のために造り、

添加
或いは親昵・朋友のためにつくる。或いは主君・師匠、および財宝・牛馬のためにさ

ある場合は親しい人や友人のために造る。 ある場合は主君や師匠、さらには財宝や牛馬のためにまで建物を造る。

へこれをつくる。われ、今、身のために(オ)**むすべり**。人のためにつくらず。ゆゑい

私は、今、自分自身のため(だけ)にこの庵を**造っ**た。他人のために造ったのではない。その理由

断定・已
かんとなれば、今の世のならひ、この身のありさま、ともなふべき人もなく、**頼む**べ

はどうしてかというと、今の世の状況で、 我が身の境遇では、 生活をともにする妻子もいないし、 **頼りにす**べ

に。

□かずならず【数ならず】ものの数ではない。取るに足りない。

□のどけし【長閑けし】①うららかである。②気持ちが穏やかである。③暇である。

□ほど【程】①ようす。程度。②折。時分。時間。③距離。広さ。④身分。年齢。

□せばし【狭し】せまい。

□わしる【走る】①はしる。②あくせくする。

□むすぶ【結ぶ】固まる。まとまる。ある形になる。【掬ぶ】(水などを)手ですくう。

□たのむ【頼む】四段 ①信頼して頼りにする。②約束する。下二 頼りにさせる。あてにさせる。

9

き奴もなし。たとひ、ひろくつくれりとも、誰を宿し、問六 誰を**か**据ゑ**ん**。（反語（↓）意志・体（↑））

き召使もいない。（だから）たとえ、（庵を）広く造ったとしても、（そこに）誰を泊まらせ、誰を住ませようか（、そんな人はいない）。

問七 **それ**、人の友とあるものは、富め**る**（存続・体）をたふとみ、**ねむごろなる**を先とす。

そもそも、交友関係にある相手というものは、財産のある者を尊重し、**親しみ深い者**とまず仲良くなろうとする。

必ずしも、**なさけ**あると、すなほなるとをば愛せず。ただ、(カ)**糸竹**・花月を友とせ**ん**（婉曲・体）に**はしかじ**。

必ずしも、**思いやり**のある人や、表裏のない人を喜ばない。（そんなことなら、友達を求めず）ただ、**音楽**や自然だけを友とする（＝友として楽しむ）に**越し**たことはないだろう。

人の奴たるものは、賞罰はなはだしく、恩顧あつきを先とす。さらに、はぐくみあはれむと、安くしづかなるとをば願はず。

（また、）人に召し使われる者は、恩賞を十分与えてくれ、面倒見のよい主人を重んじる。優しくいたわってくれる主人や、不安のない静かな暮らしはまったく願わない。

ただ、問八 わが身を奴婢とする**にはしかず**。いかが奴婢とすると**なら**（断定・未）ば、もし、なすべきことあれば、すなはちおのが身をつかふ。問九 **たゆから**ずしもあら**ね**（打消・已）ど、

（そうならば、）もっぱら、自分自身を召使にするの**に越したことはない**。どのように召使とするかといえば、もしも、何かしなければならないことがあったら、そのときは自分の体を動かしてするのである。**だるくて面倒**でないこともないが、

人をしたがへ、人をかへりみるよりやすし。もし、**ありく**べきことあれば、みづから**あゆむ**。苦しといへども、馬・鞍・牛・車と、心を悩ますにはしかず。

人を使って、（そのために）人に気を遣うよりも気楽である。もし、**出歩か**なければならないことがあれば、自分の足で**歩いて行く**。苦しくても、馬だ、鞍だ、牛だ、車だと、面倒な思いをするよりはましである。

□それ【其れ】そのこと。そのもの。そこ。その人。【夫】そもそも。いったい。

□ねむ(ん)ごろなり【懇ろなり】①心をこめて丁寧である。②親密だ。③正直だ。

□なさけ【情け】①思いやりの心。②男女の情愛や恋愛。③風流心。情趣を解する心。

□しちく【糸竹】楽器の総称。また、音楽。管弦。

□しく【及く・若く・如く】①追いつく。②匹敵する。

□〜にしかず　〜に越したことはない。

□たゆし【弛し・懈し】①だるくなる。②心がゆるむ。

□ありく【歩く】①動き回る。②〜して回る。〜し続ける。

□あゆむ【歩む】一歩一歩歩く。

9

〔出典：『方丈記』〕

10

随筆

近畿大学 折たく柴の記

作品解説 ■ 江戸中期の儒学者・政治家である新井白石によって書かれた自叙伝。両親のこと、生い立ちや経歴を述べ、六代将軍家宣のもとで政に尽力した自らの立場を和文で綴っている。

別冊（問題） p. 62

解答

問一	問二	問三	問四	問五	問六	問七	問八	問九
4	3	3	1	1	2	1	1	2
2点	2点	2点	4点	4点	4点	4点	6点	2点

合格点 24／30点

問題文の概要

あらすじ ● 昔の人は言うべきこと以外はしゃべらず、寡黙であったが、作者の両親もそうであった。父親が病気で寝込んだとき、無言で背中を向けて寝ていたが、そのわけを母親に問われて、心を取り乱して妄言を吐かないように我慢していたと答えるような父親だったことから、作者は聞けなかったことも多く、後悔している。

内容解説 ● 作者の父がかつて病床にあったときの様子を述べ、寡黙であることをよしとする考え方が昔はあったことを示したうえで、そのような父であったために聞きたいことも聞けずに後悔しているという自分の気持ちを述べています。

設問解説

問一　適語の補充 難

まずは選択肢の意味を確認します。選択肢がすべて連用形の訳になっているのは、空欄の下に存続の助動詞「たり」があるからです。よって選択肢を言い切りの形にして確認します。

1「他はいひ」＝その他は言う

2「善悪を知り」＝善悪を知る

3「初心を案じ」＝初心を思い巡らす

4「義を尽し」＝義を尽くす（＝趣旨を言い尽くす）

4の「義」には「道理・意義・趣旨」などの意味がありますが、知らない人もいるかもしれません。わかりにくい選択肢がある場合は、他の選択肢を検討して消去法を用いることも有効です。

本文冒頭の一文は「昔の人の口数の少なさ」について述べたものです。前半の「むかし人は、……ものいはず」は、「うちいひて」が「ちょっと口に出す」、「余」は「他」の意味で、「昔の人は、言うべきことがあればちょっと口に出して、その他はみだりにしゃべらない」という訳になります。それに続く後半の「いふべき事をも、……たりけり」の「ことば多からで」は前半の「うちいひて」や「その余はみだりにものいはず」とほぼ同じ内容なので、後半は前と同じことを述べていると判断できます。よって、空欄には「いふ」に相当する言葉が入ると判断できます。選択肢を見ると、明らかに「いふ」とは違う2「知り」と3「案じ」を除くことができます。4「義を尽し」は難しいので、まずは選択肢1を検討します。空欄の直前の「其」は「いふべき事」を指すので、1「他はいひ」を空欄に入れて後半を訳すと、「言うべきことも、いかにも言葉が多くなくて、言うべきことの他は言い」となって、「言うべきことを言わず、言うべきでないことを言う」という矛盾した内容になってしまうので、不適です。よって、残った4が正解となります。「尽す」は「言葉を尽くす・言い尽くす」の意味にとることができるので、「義を尽くす」を空欄に入れて訳すと「言うべきことも……その義（趣旨）を言い尽くしている」となって矛盾しません。

解答　4

問二　主体の把握

読解ルール　主語の判定は敬語に着目せよ！

ポイントは敬語です。まずは、2行目「我父母」以下は、「私の両親もそのように寡黙でいらっしゃった」の意味なので、「むかし人」の例として自分の両親を挙げて語っていることがわかります。体験過去の助動詞「き」が用いられていることから、作者が過去に体験したエピソードです。これを踏まえて、傍線部①の「人」が誰を指すのかを判断します。
傍線部①の直前を含めた「父におはせし人」を訳します。

> 父—①に—て—②おはせ—③し—人
> ① 助動「なり」の連用形。断定［〜である］
> ② 動「おはす」いらっしゃる。「あり」の尊敬語。
> ③ 助動「き」の連体形。過去［〜た］
> 直訳▼父でいらっしゃった人

傍線部①は作者の父親を指すということです。そして、作者は父親には尊敬語を用いて敬意を表していることも確認します。

では、二重傍線部をⓐから順に見てきましょう。

二重傍線部ⓐ　ここに至る内容をまとめます。父親が熱病にかかって死にそうになって、医者から妙薬を飲ませるようにと言われたとき、「此事(この)いかにやあらむ（このことはどうでしょうか）」と言った、その発言者がⓐの人です。「いふ」は尊敬語ではなく、父親以外の誰かだとわかるので、答えにはなりませんが、解説します。直前の会話文は、「のたまひ」が尊敬語なので、父親の発言で、会話の直前に「よのつねに人にいましめ給ひしは」とあるので、父親は常々人に向かって戒めていたということです。その内容は、「薬を飲んで苦しんで最期を迎えるのは見苦しい。よくよく気をつけよ」というものです。この戒めを思い出したⓐの人は、薬を飲ませることは父親の主義に反することなので、医者の指示に従うことを渋ったわけです。よって、ⓐ「いふ」の主語は、はっきりとは断定できませんが、父親以外の誰か身内の者、ということになります。

二重傍線部ⓑ　これも尊敬語ではないので、父親以外の誰かだとわかり、答えにはなりません。医者の指示に反対するⓐの人はいましたが、あまりにも苦しそうな父親を見るのもつらいので、しょうが汁と合わせて薬を「すゝめ」たのは、やはり父親以外の誰かです。自叙伝は日記に近いので、「私」という主語は省略されます。父にしょうが汁と薬を差し上げたのは、断定はできませんが、作者（＝私）かもしれません。

二重傍線部ⓒ　これも尊敬語ではありませんが、会話文の中にあるので、要注意です。誰の会話なのか判断します。病気が治った後、母親の「どうして背中を向けて黙っていたのか」という質問に答えているので、父親の発言だとわかります。**会話文の中で自分の行為を述べるときは、尊敬語は用いません。**二重傍線部ⓒの前の点線部**ウ**に「我」と主語があるので、「かはれ」**の主語は自分（父親）**となり、これが**正解**です。この時点で答えは出ます。

二重傍線部ⓓ

読解ルール 日記文において一人称(私)の主語は省略される!

この文章は随筆ですが、作者とその家族などが登場する日記的な内容なので、日記のルールが適用できます。

地の文で、主語が書いていなくて、尊敬語ではないので、主語は作者自身である可能性大です。直前の「問ひまゐらせばや(お尋ね申し上げたい)」の「まゐらす」は謙譲の補助動詞で、作者が自分の行為に謙譲語を用いることで、父親への敬意を表していると考えられます。よって、「おもふ」の主語は作者です。

作者は父親に聞きたいことがあったけれども、寡黙な父に言い出せないままになってしまって、悔しい思いをしていると、最後に自分の気持ちを述べています。

解答 3

問三 文法(「なむ(なん)」の識別)

●「なむ(なん)」の識別●

1 未然形+「なむ」→願望の終助詞[~てほしい]

2 連用形+「な」+「む」
　→完了(強意)の助動詞「ぬ」の未然形
　+推量の助動詞「む」

3 名詞など+「なむ」→強意の係助詞
　*文末は係り結びで連体形になる。
　*「なむ」がなくても文意は通じる。

4 ナ変動詞の未然形語尾「―な」+推量・意志の助動詞「む」
　例 死なむ 訳 死ぬだろう

波線部Ⓐの前後を含めて「ありなむには」を品詞分解します。

あり[①]―な[②]―む[③]―に[④]―は

①動「あり」の連用形。存在を表す。
②助動「ぬ」の未然形。完了[~た]
③助動「む」の連体形。仮定[もし~ならば]
④格助 時[~に]

直訳▼あったようなときには(あったならば)

「あり」が連用形なので、「な」は完了の助動詞、「む」が推量の助動詞だとわかります。「む」の下に格助詞「に」があるので、「む」のここでの意味は「婉曲(えんきょく)・仮定」になります。

次に選択肢を検討します。

1…「渡ら」が四段活用動詞の未然形なので、「なむ」は終助詞。

2…引用の格助詞「と」の下にあるので、「なむ」は係助詞。結びの語「聞く」などが省略されている。

3…「なり」が四段活用動詞の連用形なので、「な」は完了の助動詞、「む」は推量の助動詞。

4…「いな」はナ変動詞「いぬ（往ぬ）」の未然形で、「な」は活用語尾、「む」は意志の助動詞。

よって、**正解は3**となります。

「む」の意味についての解説は**第11講問四**（↓132ページ**「む」の識別**）で行います。

解答 3

問四 **解釈**

まずは傍線部②「しかるべからず」を訳します。ポイントは指示語の内容です。

> ①しかる｜②べから｜③ず
>
> ①**【然り】副**「しか」＋**動**「あり」（ラ変）の「しかあり」が転じたもの。［そうである］
>
> ②**助動**「べし」の未然形。
>
> ③**助動**「ず」の終止形。打消［〜ない］

「べし」は「当然・適当・可能」などたくさんの意味があるので、文脈に即して意味を判断する必要があります。

●「べし」の意味の識別●

主語が一人称↓「〜しよう」
主語が二人称↓「〜がよい」「〜べきだ」「〜しなさい」
主語が三人称↓「〜だろう」「〜はずだ」
困難な状況のとき↓「〜できる」

本文は「病気が非常に重い」という困難な状況なので、「べし」を可能の意味と判断できます。

直訳▼ そうであることはできない

「そうである」の指示する内容を本文から探ります。まず、傍線部②を含む発言は「どうして背中を向けて寝て、何も言わなかったのか」という母親の質問に答えた父親のものであることを確認します（問二参照）。点線部ウは、**自分はこれまで、人に苦しそうな様子を見せたことがなかった**、という意味です。それと対比して、**今回は**頭痛が激しく、日頃と違う事があったようなときは、**そうであることはできない**、となりますので、「そう」は「人に苦しそうな様子を見せない」を指すとわかります。「そうであることができない」は**「人に苦しそうな様子を見せないでいることはできない」**という意味になります。よって、正解は、１「この数日で病状が悪い方向に進んでしまうと、これまでと違った苦しい様子を人に見せるかもしれない」となります。父親は人に苦しい様子を見せないようにするために背中を向けて寝ていたということです。

解答 1

問五　解釈

ポイントは傍線部③の「しかじ」の意味です。

> しか①｜じ②、｜いふ｜事｜なから③｜む④｜に｜は
>
> ① 動【如く】及ぶ。
> ② 助動「じ」の終止形。打消推量［〜まい］
> ③ 形「なし」の未然形。ない。
> ④ 助動「む」の連体形。婉曲［〜ような］
>
> 直訳 ▼ 及ぶまい、言うことがないようなことには

傍線部は倒置なので、元に戻すと、「言うことがないようなことには及ぶまい」となります。

直訳の「言うことがない」とは「何も言わない」ということなので、「何も言わないほうがよい」という意味です。よって正解は、１「何も言わないに越したことはない」となります。

「しかじ〜には」は漢文から来た表現で、「〜するに越したことはない」「〜するほうがましだ」の意味となり、多く倒置の形「〜にはしかじ」で用いられます。父親は、熱におかされて世迷言（よまいごと）を言うぐらいなら何も言わないほうがいい、と考えて黙って寝ていたということです。ここが、本文最初の「昔の人は余計なことはしゃべらない」につながります。

解答 1

問六　内容説明

読解ルール　「て」は同じことの言い換えを表す！

傍線部④の直前の「これらの事にて」の「て」は言い換えを表すので、「これらの事」＝「よのつねの事ども」となります。「これらの事」は直前にある父親の寡黙な態度を指しているので、傍線部④は「日ごろの父の態度」となります。この時点で答えが出ますが、確認のため傍線部⑥についても解説します。

傍線部⑥「よのつねの事共（ども）」は、「おやおほぢの御事」と対比の関係にあります。「よのつねの事共」はそれでもよいが、「父親や祖父のこと」は詳しく聞かなかったのが悔しい、ということなので、傍線部⑥は「世間一般のこと」で間違いありません。よって、正解は２となります。

解答 2

問七　内容説明

「かく」の下の「おはせ」は尊敬語で、父親への敬意を表し

10

ているので、「かく」はその前の父親の発言から推測できるような**「日ごろの父の態度」**を指します。「日ごろの父の態度」とは、「病気で苦しんでいても黙っていた」という父親の寡黙な態度を指します。

選択肢の訳を示します。

ア 言わなければならないことがあるとちょっと口に出し、それ以外はむやみにものを言わず
イ 年老いた身で、寿命に限りがあることも知らないで
ウ 自分はまだ人に苦しそうな様子を見せたこともなかった
エ 世間の人は熱病におかされて、失言することが多い

この中で「父親の寡黙な態度」と一致するのは**ア**となります。よって**正解**は1です。ここも、本文の1行目につながるわけです。

解答 1

問八 内容合致

選択肢の内容と本文とを照らし合わせていきます。

1 昔の人はあまり多く語らないことを美徳としており、父親もまたそれに従って寡黙な人であった
→1・2行目に合致。

2 作者の父は口数が少ない人であったため、作者の母は父になぜ話さないのか普段から質問していた ×
→8行目。母は、病気が治った後に質問している。

3 父親は七十五歳のときに熱病におかされたが、医者がすすめる薬を断って一時は重体に陥っていた ×
→6行目。父以外の誰かが、薬を渋った、とある。

4 若い人は病にかかったら効き目のある薬をすぐに飲んだ方がよいが、老人は効きすぎるのでよくない ×
→4・5行目と矛盾する。薬のせいで苦しんで死ぬのはよくないと言っている。

よって、1が正解です。

解答 1

問九 文学史（→148ページ参照）

1 **鴨長明**（かものちょうめい）＝鎌倉初期の歌人・文人。『方丈記（ほうじょうき）』『発心集（ほっしんしゅう）』『無名抄（むみょうしょう）』など。
2 **新井白石**＝江戸中期の儒学者・政治家。『古史通（こしつう）』『折たく柴の記』など。
3 **荻生徂徠**（おぎゅうそらい）＝江戸中期の儒学者。『政談（せいだん）』など。
4 **契沖**（けいちゅう）＝江戸前期の国学者。著書は『万葉代匠記（まんようだいしょうき）』。

正解は2「新井白石」です。

解答 2

現代語訳

むかし人は、ア いふべき事あればうちいひて、その余はみだりにものいはず、いふべ

昔の人は、言わなければならないことがあるとちょっと口に出して、それ以外はむやみにものを言わず、言わなけ

き事をも、いかにもことば多からで、其義を尽したりけり。我父母にてありし人々

ればならないことでも、非常に言葉少なに、その趣旨を言い尽くしたのだった。私の父母であった人もそのようで

もかくぞおはしける。父にておはせし①人のその年七十五になり給ひし時に、傷寒を

いらっしゃった。父でいらっしゃった方がその年七十五歳におなりになった時に、激しい熱

うれへて、事きれ給ひなんとするに、医の来りて独参湯をなむすゝむべしといふ也。

病にかかって、今にも死にそうになられるときに、医者が来て「独参湯を差し上げよう」と言うのである。

よのつねに人にいましめ給ひしは、「年わかき人はいかにもありなむ。イ よはひかたぶ

(父が)常日頃人に注意しておっしゃったことには、「若い人はそうしても構わないだろう。(が、)年老いた身が、

きし身の、いのちの限りある事をもしらで、薬のためにいきぐるしきさまして終りぬ

命に限りがあることをも知らないで、薬のために息苦しそうにして臨終を迎えるのは見苦しい。

るはわろし。あひかまへて心せよ」とのたまひしかば、此事いかにやあらむと ⓐ いふ

よくよく気をつけよ」とおっしゃっていたので、「これはどうであろうか」と言う人がいたが、

人ありしかど、疾喘の急なるが、見まゐらするもこゝろぐるしといふほどに、生薑汁

急な病気でとても息苦しそうなのが、拝見するのもつらいほどだったので、しょうが

重要語句

- □よ【余】①あまり。②その他。
- □みだりなり　やたらに。むやみに。
- □ぎ【義】①人として守るべき正しい道。②道理。規則。③意義。意味。
- □かく【斯く】このように。こう。
- □こときる【事切る】①息絶える。死ぬ。②決着がつく。決まる。
- □いましむ【戒む】①いさめる。禁じる。②とどめる。注意する。
- □いかにもありなむ　どのようであってもよいだろう。
- □よはひ【齢】①年齢。②年ごろ。③寿命。
- □かぎり【限り】①限度。②機会。③人生の終わり。
- □かまへて【構へて】(命令の語を伴って)きっと。必ず。心して。

にあはせてⓑすゝめしに、それよりいき出で給ひて、つひに其病癒え給ひたりけり。

汁に合わせて差し上げたところ、それから息を吹き返しなさって、結局その病気は治りなさったのであった。


後に母にてありし人の、「いかに、此程は人に**そむき**ふし給ふのみにて、また物のたまふ事もなかりし」ととひ申されしに、「されば、頭のいたむ事**殊に**甚しく、ウ我いまだ人にくるしげなる**色**みえし事もなかりしに、日比にⓒかはれる事もありⒶなむには、②**しかる**べからず。

後に母であった方が、「どうして、病気の間は人に**背を向けて**寝ていらっしゃるばかりで、何もおっしゃることがなかったのですか」とお尋ね申し上げなさったところ、「それは、頭痛が**とても**ひどく、自分はまだ人に苦しそうな**様子**を見せたこともなかったのに、いつもと変わったことが起こったら、**そのように**はいられない［＝苦しそうな様子を見せるかもしれない］。


又エ世の人熱にをかされて、ことばのあやまち多かるを見るにも、③**しかじ**、いふ事なからむにはと思ひしかば、さてこそありつれ」と答へ給ひき。

また世間の人が熱病におかされて、失言することが多いのを見るにつけても、何も言わない**に越したことはないだろう**と思ったので、そうしていたのだ」とお答えになった。

これらの事にて、④**よのつね**の事ども、**おもひはかる**べし。⑤かくおはせしかば、あはれ、問ひまゐらせばやとⓓおもふ事も、いひ出でがたくして、うち**すぐ**る程に、**うせ**給ひしかば、さて**やみ**ぬる事のみぞ多かる。⑥よのつねの事共は、
これらのことによって、**日頃**の父の態度も、**推測できる**だろう。このようでいらっしゃったので、（私は）「ああ、お聞きしたい」と思うことも、言い出しにくくて、そのまま**過ぎていく**うちに、お**亡くなり**になったので、**そのままになって**しまったことばかりが多い。世間一般のことについては、

□そむく【背く】①背を向ける。さからう。②別れる。③世俗を捨てる。出家する。

□ことに【殊に】①とりわけ。格別に。②その上に。

□いろ【色】①色彩。②位階によって決められた服の色。③喪服の色。④顔色。様子。⑤恋愛。

□しかり【然り】その通りである。

□しかじ【如かじ・若かじ・及かじ】〜に越したことはないだろう。

□よのつね【世の常】ふつう。並ひと通り。

□おもひはかる【思ひ量る】考慮する。思いめぐらす。

□すぐ【過ぐ】①過ぎる。②現世での人生を過ごし終える。③まさる。④暮らしを立てる。

□うす【失す】世から消える。命をなくす。

□やむ
【病む】①病気になる。②思い悩む。

【止む】①止まる。②中止になる。③病気が治る。

さてもやあるべき。おやおほぢの御事、詳ならざりし事こそくやしけれど、今はとふべき人とてもなし。

それでも構わないのだろうか。父親と祖父のことについて、**詳しく**聞けなかったことは残念であるが、今はもう**尋ねる**ことができる人もいない。

〔出典：『折たく柴の記』序〕

□つまびらかなり【詳らかなり】ことこまかなさま。

□とふ【問ふ・訪ふ】①見舞う。②尋ねる。③訪問する。

11 評論

駒澤大学
俊頼髄脳（としよりずいのう）

作品解説 ■ 平安時代後期、源俊頼（みなもとのとしより）によって書かれた歌論書。関白藤原忠実（ふじわらのただざね）の依頼によって、その子である泰子（たいし）（のちの鳥羽天皇（とばてんのう）皇后）のために書かれた作歌の手引書。「けだかく遠白きこと」が和歌の理想であると説く。「遠白し」は気品があって奥深いさま。

別冊（問題） p. 68

解答

問一	問二	問三	問四	問五		問六	問七
ア	イ	ア	d	(A) エ	(B) ウ	考えつくことができなかったので	オ
4点	4点	2点	2点	2点	4点	6点	6点

合格点 24/30点

問題文の概要

あらすじ ● 歌の病に後悔の病がある。歌を詠んだ後で後悔しないように、じっくり考えて歌を詠むのがよいが、それも時と場合による。小式部内侍（こしきぶのないし）や伊勢大輔（いせのたいふ）の孫のようにすばやく歌を詠んで名声を得た例もある。

内容解説 ● 歌を作るのにかける時間の長短について論じています。基本的にはじっくり時間をかけて歌を作るほうがよいが、時と場合によってはすばやさが要求されることを二つの例を挙げて述べています。

設問解説

問一 解釈

まずは、傍線(1)を直訳します。

> ①かく｜いは｜②で｜など｜思ひ｜て
>
> ① 副 このように。
> ② 接助 打消［～しないで］
>
> 直訳 ▼ このように言わないでなどと思って

次に、冒頭からの内容を踏まえて、「このように言わないで」とはどのようなことなのかを読み取ります。本文の冒頭で、「後悔の病」が提示されています。「後悔の病」にかからないためには、歌は急いで詠んではならない、と結論付け、紀貫之の例を挙げています。

着眼点 傍線部の前後に根拠あり！

読解ルール 「て」は同じことの言い換えを表す！

2行目の「のちに、よきことば、……悔いねたがる」の中の二つの接続助詞の「て」は言い換えを表すので、「のちに、よきことば、節を思ひより」＝「かくいはでなど思ひ」＝「悔いねたがる」となります。つまり、「かくいはでなど思ひ」は、「後で、よい言葉や趣向を思いついて、後悔する」という内容になるということです。よって、**ア**「**こう詠まなくて残念だったと思って**」が正解です。

ウと**オ**は「後悔」の内容になっていません。**イ**は「ほしかった」が第三者への願望になっているので、不適です。**エ**は一見「後悔」の内容になっていますが、打消の接続助詞「で」を「たくなかった」と訳すのは無理があります。選択肢のおおよその内容で選んでしまってはいけません。直訳と照らし合わせて判断することが重要です。

解答 ア

問二 文学史（↓148ページ参照）

「紀貫之」の代表的な作品は『土佐日記』と『古今和歌集』仮名序です。よって、**イ**が正解です。

> **ア** 『**十六夜日記**』＝鎌倉中期の日記。筆者は阿仏尼。
> **ウ** 『**更級日記**』＝平安後期の日記。筆者は菅原孝標女。
> **エ** 『**讃岐典侍日記**』＝平安後期の日記。筆者は讃岐典侍。
> **オ** 『**蜻蛉日記**』＝平安前期の日記。筆者は藤原道綱母。

解答 イ

問三 語句の意味

傍線(3)「心もとなく」は、「気がかりだ・じれったい」という意味の形容詞「心もとなし」の連用形です。よって、正解はア

読解ルール 「と」は同じことの言い換えを表す！

傍線(3)は、四条中納言（しじょうちゅうなごん）の発言の中にあり、発言の後に、「と、ねたがらせむ」とあります。引用の「と」は言い換えを表すので、四条中納言の発言は、小式部内侍を悔しがらせようとしたものだとわかります。これについては、**問五**で解説します。丹後の母親に出した使いの帰りを待っているのは、「どんなに気がかりにお思いでしょう」と小式部内侍に嫌がらせを言っているのです。9行目に「たはぶれて」とあるので、冗談を言ったということです。

解答 ア

問四 文法（「む」の識別）

● 「む」の識別 ●

1　文末の「む（め）」

未然形＋「む（め）」→主語が一人称＝意志「〜しよう」

→主語が二人称＝適当・勧誘「〜がよい」

→主語が三人称＝推量「〜だろう」

2　文中の「む」

未然形＋「む」＋名詞→婉曲（えんきょく）「〜ような」

未然形＋「む」＋助詞→仮定「〜ならば」

まずは傍線(4)「ねたがらせむ」を品詞分解します。

①ねたがら ― ②せ ― ③む

① 動「ねたがる」の未然形。悔しがる。

② 助動「す」の未然形。使役［〜させる］

③ 助動「む」の終止形。意志［〜しよう］

直訳 ▼ 悔しがらせよう

下に引用の格助詞「と」があり、係り結びなどがないので、この「む」は終止形で、文末の用法です。**問三**で見たように、「悔しがらせる」の主語は四条中納言自身なので、「む」の意味は「意志」となります。

選択肢の「む」を、文末なのか文中なのかに注意して見ていきましょう。

二重傍線a「詠ま**む**」　「詠まむ」の下に「には」があるので、「む」は文中の用法で、意味は仮定です。

二重傍線b「遣はしけ**む**」　「遣はし｜けむ」と品詞分解し、「けむ」は過去推量の助動詞です。

二重傍線c「思すら**む**」　「思す｜らむ」と品詞分解し、「らむ」は現在推量の助動詞です。

二重傍線d「返しせ**む**」

> 返し①｜せ②｜む③
>
> ① 名 返歌。
> ② 動「す」の未然形。する。
> ③ 助動「む」の終止形。意志［～しよう］
>
> 直訳▼返歌をしよう

下に引用の格助詞「と」があるので、**「む」は文末の用法**となります。**主語**は返歌をする人自身なので、意味は意志、活用形は**終止形**です。

二重傍線e「おのれぞせ**む**」

> おのれ①｜ぞ②｜せ③｜む④
>
> ① 名 おまえ。
> ② 係助 強意
> ③ 動「す」の未然形。する。
> ④ 助動「む」の連体形（「ぞ」の係り結び）。勧誘［～がよい］
>
> 直訳▼おまえがするがよい

「む」は文末の用法で、**主語**は「おのれ」です。「おのれ」は、一人称にも二人称にもなる語ですが、ここは、後冷泉院（ごれいぜいいん）が伊勢大輔の孫に向かって歌を詠むよう命令している場面なので、「おのれ」は**二人称**となり、意味は勧誘となります。係助詞「ぞ」の係り結びで、活用形は**連体形**です。

よって、**正解はd**となります。

解答 d

問五　主体の把握・解釈

6～13行目の内容を読み取ります。1～5行目では、後悔の病にかかるから、歌は急いで詠んではならない、と結論付けながら、最後に「時と場合による」と述べています。6～13行目では、その「時と場合による」具体的な例が挙げられています。小式部内侍が歌を詠んだ状況を述べ、最後に「これを考えると、すばやく歌を詠むのもすばらしい」と結んでいます。このことから、**小式部内侍は、すぐに上手（じょうず）な歌を詠んだ**ことがわかります。

では、傍線(5)がどのような状況で発言されたものなのかを見ます。7行目に「事の起りは」とあるので、それ以下を見ます。

「小式部内侍は、和泉式部が娘なり」は、「小式部内侍」と「和泉式部」の関係を説明しています。「が」が連体格の用法なので、小式部内侍は、有名な女流歌人である和泉式部を母親に持つ娘ということです。

そして、歌合の席での出来事です。四条中納言は小式部内侍に、10行目で「丹後の母親に出した使いの帰りを待っているのは気がかりでしょう」と言葉を掛けました。これは、「母親が有名な歌人だから、歌をその母親に作ってもらうことができる」という考えが背景にあります。つまり、四条中納言は小式部内侍に「あなたは自分で歌を詠まないで母親に詠んでもらったのでしょ」という意味を込めて冗談で嫌がらせを言ったのです。

これに応えてすかさず小式部内侍が詠んだのが、**「大江山」の歌**です。これを**受けた反応が傍線(5)**なので、四条中納言定頼の気持ちとなります。よって、**Ⓐはエが正解**です。

傍線(5)を訳します。

> ①いかに—②かかる—③やう—は—ある
> ①副 どうして。
> ②連体 このような。
> ③名 こと。
> 直訳▼ どうしてこのようなことはあるのか

「このようなこと」は、小式部内侍がすぐに上手な歌を詠んだことを指します。

選択肢の中で「すぐに上手な歌を詠んだ」という内容になっているのは、**ア**と**ウ**です。

×ア こっそり独り言を言ったのに、どうしてすぐにこれほどの気の利いた歌を詠めたのだろう、という気持ち
↓定頼は、小式部内侍に嫌がらせをしようとして声をかけている。

ウ いじわるな言葉をかけたのに、どうしてすぐにこれほどすぐれた歌を詠めたのだろう、という気持ち
↓矛盾がない。

オの「すぐに歌を返してきた」は間違いではありませんが、「上手な歌」という要素が抜けています。

よって**Ⓑの正解はウ**です。

定頼の言葉の具体的な内容はわからなくても、傍線(4)「ねたがらせむ」の意味が「悔しがらせよう」だとわかれば、定頼が小式部内侍に言ったのは嫌がらせなので、**ウ**「いじわるな言葉をかけた」を選ぶことができます。

「大江山」の歌は、入試頻出ですので、解説をします。地名である「生野（いくの）」の「生」に「行く」、「文」に「踏み」

がそれぞれ掛けられています。和歌の解釈は現代語訳を参照してください。「母親に頼んだ歌はまだ来ないのか」といういじわるな問いかけに、「母親の歌など見ていません」ときっぱり答えたということです。この歌が下手な歌で、詠むのにもし時間がかかってしまったら、定頼を黙らせることはできなかったでしょう。当意即妙な歌を詠んで功を奏したということです。

ちなみにこの歌は、一般的には「大江山生野の道の遠ければまだふみも見ず天の橋立」として知られています。

解答 (A) エ　(B) ウ

問六　現代語訳

傍線(6)は、小式部内侍の歌を聞いた四条中納言定頼が、返歌をしようとして、しばらく考えた後の状態です。

> ①え ― ②思ひ得 ― ざり ― ③けれ ― ④ば
>
> ① 副「え～ず」で「～できない」の意味になる。
> ② 動「思ひ得」考えつく。
> ③ 助動「けり」の已然形。過去「～た」
> ④ 接助 已然形＋ば　順接確定条件「～ので」
>
> 直訳 ▼ 考えつくことができなかったので

「考えつく」は「思いつく」と訳しても同じ意味になります。

直訳に主語や目的語を補うと、「四条中納言定頼は返歌を思いつくことができなかったので」となります。解答欄の大きさにもよりますが、十分スペースがあれば、主語や目的語を補って「定頼は返歌を思いつくことができなかったので」とします。もし、解答欄が小さければ、直訳、もしくは直訳の不自然な表現を修正して、解答とします。今回は、解答欄が小さいので、直訳「考えつくことができなかったので」を正解とします。

小式部内侍にいじわるをしてやろうとした定頼でしたが、思いがけず歌を詠み掛けられて、返歌もできずに逃げていきます。すばやく上手な歌を詠むことができた小式部内侍のほうが一枚上手でした。

解答 考えつくことができなかったので

配点
「思ひ得」の意味……3点
「え～ざりければ」の訳……3点

問七　解釈

ポイントは、傍線(7)の「とさ」と「おそろし」の意味です。

14～19行目では、小式部内侍の例に続いて、さらに別の例を挙げています。「いにしへの」の歌が詠まれた状況を読み取りましょう。楓の枝を投げ与えた後冷泉院から「この中には、おのれぞせむ（この中では、おまえがする〔＝歌を詠む〕のがよ

11

い)」と命令されて、**伊勢大輔の孫である女性が「ほどもなく（すぐに）」詠んだのが「いにしへの」の歌です。その歌に対する後冷泉院の発言が傍線(7)です。**これを訳します。

> **①歌がら｜は｜②さる｜もの｜③に｜て、｜④とさ｜こそ｜⑤おそろしけれ**
>
> ① 名 歌の品格。
> ② 「さるもの」＝「相当のもの」の意味。
> ③ 助動「なり」の連用形。断定［〜である］
> ④ 名【疾さ】すばやさ。形容詞「疾し」の語幹「と」に接尾語「さ」がついたもの。
> ⑤ 形「おそろし」の已然形。たいしたものだ。
>
> **直訳**▼歌の品格は相当なものであって、すばやさがたいしたものだ

「歌がら」と「さるもの」の意味がもしわからなくても、「とさ」が「すばやさ」だとわかれば、選択肢を**ア**と**オ**に絞ることができます。**ア**と**オ**の違いは「おそろし」が表す評価です。「おそろし」には「怖い・不気味だ」というマイナスの意味もありますが、「たいしたものだ・驚くべきである」というプラスの評価を表す意味もあります。傍線(7)の後に「とく詠むべし（すばやく詠むべきだ）ともおぼゆ」がありますので、ここは、**すばやさに対するプラスの評価**を表すと判断できます。よって、正解は、オ「歌の品格はなかなかのものであるが、何と言ってもすばやく歌を作る能力はたいしたものだなあ」となります。

筆者は、小式部内侍と伊勢大輔の孫の例を挙げて、すばやく歌を詠むことのすばらしさを説いていますが、最後には、ゆっくり詠んでよい歌ができた例は数知れない、と第一段落の結論に戻っています。

ゆっくり作るのがよいのか、すばやく作るのがよいのか、この本文だけではわかりませんが、筆者は、問題文の中では省略されている文章で次のように述べています。

「ただ、もとの心ばへにしたがひて、詠み出だすべきなり（天性の心の働きに即応して、歌は詠み出すべきだ）」

つまり、その人その人に合った詠み方をすればよい、ということです。

解答 オ

現代語訳

歌の、八の病の中に、後悔の病といふやまひあり。歌、すみやかに詠み出だして、人にも語り、書きても出だして、のちに、よきことば、**節**を思ひよりて、(1)かくいはでなど思ひて、**悔いねたがる**をいふなり。さればなほ、歌を詠まむには、急ぐまじきがよきなり。いまだ、昔より、**とく**詠めるにかしこきことなし。されば、(2)貫之などは、歌ひとつを、十日二十日などにこそ詠みけれ。しかはあれど、折にしたがひ、事にぞよるべき。

歌の、八つの病の中に、後悔の病という病がある。歌を、迅速に作り上げて、人にも語り、書いて送ったりもして、のちに、よい言葉や、**趣向**を思いついて、このように歌を詠まないで（残念だった）などと思って、**後悔し悔しがる**ことをいうのである。だからやはり、歌を詠む場合には、急がないようにするのがよいのである。今でも、昔から、**早く**詠んだ歌にすばらしいものはない。だから、貫之などは、歌一首を、十日も二十日もかけて詠んだそうだ。そうではあるが、時と場合により、事にもよるだろう。

大江山生野の里の遠ければ文もまだ見ず天の橋立

大江山を越えていく生野の里が遠いので、私は天の橋立を踏んでみたこともありませんし、（母からの）手紙もまだ見ていません。

これは、小式部内侍といへる人の歌なり。事の起りは、小式部内侍は、和泉式部が娘

これは、小式部内侍といった人の歌である。事の発端は、小式部内侍は、和泉式部の娘であり、

重要語句

- □ふし【節】①歌の一区切り。②歌の節回し。③心のとまる点。④機会。きっかけ。⑤趣向。
- □くゆ【悔ゆ】後悔する。
- □ねたがる【妬がる】①悔しがる。②恨めしく思う。
- □とし【疾し】早い。速い。

11

なり、親の式部が、保昌が妻にて丹後に下りたりけるほどに、都に、歌合のありけるに、小式部内侍、歌詠みにとられて詠みけるほど、四条中納言定頼といへるは、四条大納言公任の子なり、その人の、たはぶれて、小式部内侍のありけるに、「丹後へ遣はしけむ人は、帰りまうで来にけむや。いかに(3)心もとなく思すらむ」と、(4)ねたがらせむと申しかけて、立ちければ、内侍、御簾より半ら出でて、わづかに、直衣の袖をひかへて、この歌を詠みかければ、(5)いかにかかるやうはあるとて、つい居て、この歌の返しせむとて、しばしは思ひけれど、(6)え思ひ得ざりければ、引き張り逃げにけり。これを思へば、心とく詠めるもめでたし。

いにしへの家の風こそ嬉しけれかかることの葉散り来と思へば

親の式部が、藤原保昌の妻として丹後に下っていたときに、都で、歌合があったのだが、小式部内侍が、歌人として選ばれて歌をつくっていた頃、四条中納言定頼といった人は、四条大納言公任の子であり、その人が、ふざけて、小式部内侍がいたので、「(母君に歌を作ってもらおうと)丹後へ使いとして行かせたとかいう人は、帰参したでしょうか。どんなに気がかりにお思いでしょう」と、悔しがらせようと言いかけて、立ち去ろうとしたので、内侍は、御簾より半分身を出して、ほんの少し、直衣の袖を引き止めて、この歌を詠みかけたので、どうしてこんなことがあるのかと思って、ひざまずいて、この歌の返歌をしようとして、しばらくは思案したが、思いつくことができなかったので、(袖を)引っ張って逃げたそうだ。これを思えば、早く(歌を)詠んだのもすばらしいことだ。

昔からの歌人の家の伝統こそうれしいものだ。このようなありがたいお言葉が(私に)寄せられると思うと。

□くだる【下る】都から地方へ行く。

□うたあはせ【歌合】左右に分かれて歌の優劣を競う遊戯。

□つかはす【遣はす】①派遣なさる。②お与えになる。③派遣する。④贈る。

□こころもとなし【心許なし】①はっきりしない。②気がかりで不安だ。③待ち遠しい。

□やう【様】①形式。②様子。③状態。④理由。⑤方法。

□ついゐる【つい居る】①かしこまってひざまずく。②腰をおろす。

□え〜ず 〜できない。

後冷泉院の御時に、十月ばかりに、月の**おもしろかり**けるに、女房たち**あまた**具して、南殿に出でさせおはしまして、**遊ば**せたまひけるに、楓の紅葉を折らせたまひて、女房の中に伊勢大輔が孫のありけるに、投げつかはして、「この中には、**おのれ**ぞせむ」とて仰せられければ、**ほどもなく**申しける歌なり。これを聞こしめして、「(7)**歌がら**は**さるもの**にて、とさこそ**おそろしけれ**」とぞ仰せられける。されば、なほなほ、少々の節は**おくれ**たりとも、とく詠むべしともおぼゆ。おそく詠みて、よき**例**は、申し尽くすべからず。

後冷泉院の御代に、十月頃、月が**趣深かっ**たので、（帝は）女房たち**大勢**を連れて、紫宸殿（ししんでん）にお出ましになって、**遊び**なさったときに、楓の紅葉（もみじ）をお折りになって、女房の中に伊勢大輔の孫がいたが、（その人に）投げておやりになって、「この中では、（今したことの返事を）**おまえ**がするがよい［＝歌を詠め］」とおっしゃったので、**時を置かず**申し上げた歌である。これをお聞きになって、「**歌の品格**は**なかなかのもの**であるが、（歌を詠む）早さが**たいしたものだ**」とおっしゃった。だから、それでもやはり、すこしばかり趣向が**劣っている**としても、早く詠むべきだとも思われる。（しかし）時間をかけて詠んで、よい（できばえの歌の）**例**は、言い尽くすことができないほど多い。

［出典：『俊頼髄脳』］

□おもしろし【面白し】①すばらしい。美しい。風流だ。趣深い。②おもしろく興味がある。③晴れ晴れとして明るい。

□あまた【数多】①たくさん。②非常に。

□あそぶ【遊ぶ】詩歌・管弦などの遊びをする。

□おのれ【己】①自分自身。②わたくし。③おまえ。

□ほどもなし【程も無し】①（時間的に）間もない。②年若い。③狭い。

□うたがら【歌柄】歌の品格・風格。

□さるもの【然るもの】①そのようなもの。②相当のもの。③もっともである。

□おそろし【恐ろし】①恐ろしい。②たいしたものだ。驚くべきだ。

□おくる【後る・遅る】①先立たれる。②劣る。③あとに残る。

□ためし【例】先例。手本。話の種。

12 評論

日本大学　毎月抄（まいげつしょう）

作品解説 ■ 鎌倉時代前期に、藤原定家（ふじわらのさだいえ）によって書かれた歌論書。ある人が定家に毎月和歌の添削を請い、それに対して定家が和歌の作法について十種類の有り様を説きながら指導したという形を取っている。有心体（うしんてい）に重点を置き、和歌の理想を説く。

別冊（問題）p. 74

解答

問一	問二	問三	問四	問五
a ①　b ③　c ②　d ④　e ④	②	③	①	②
3点×5	3点	3点	3点	6点

合格点

24／30点

問題文の概要

あらすじ ● 歌を詠むのに大事なことは「詞（ことば）」の取捨選択である。「詞」には強弱大小があるので、それをしなやかにつなげて詠むことが大事である。「詞」と「心」を兼ね備えた歌が優れた歌であるが、心の欠けた歌よりも、詞の拙い歌のほうがよい。

内容解説 ● 優れた歌とはどのように詠まれたものであるかを、『古今和歌集（こきんわかしゅう）』仮名序（かなじょ）や父である俊成（としなり）の言葉を手掛かりにしながら、「詞」と「心」に着眼して論じています。

設問解説

問一 **解釈**

傍線部a　ポイントは「用捨」の意味です。

詞—の—①用捨—②に—て—③はべる—④べし

① 名 用いることと捨てること。
② 助動「なり」の連用形。断定［〜である］
③ 補動「はべり」の連体形。丁寧［〜ございます］
④ 助動「べし」の終止形。推量［〜だろう］

直訳▼詞を用いることと捨てることでございましょう

5行目の亡父の言葉の中に「取捨」とあるのもヒントです。「取捨」とは「良いものや必要なものを取り、悪いものや不要なものを捨てること」の意味です。

よって、**正解は①「詞の取捨選択でございましょう」**となります。

②の「用い方と捨て方」は、①の「取捨選択」とよく似た内容ですが、文末が「でしょうか」と、断言を避けた表現になっているので、間違いです。「歌における重要事は、詞の取捨選択だ」と、冒頭で筆者の主張をはっきりと述べています。

傍線部b　「なびらかに」は見慣れない語なので、それ以外を訳します。

①聞きにくから—②ぬ—やうに

① 形「聞きにくし」の未然形。聞きにくい。
② 助動「ず」の連体形。打消［〜ない］

直訳▼聞きにくくないように

直訳とまったく同じなのが③「聞きにくくないように」です。③は「なびらかに」を「しなやかに」と訳していますが、それで矛盾はないか、本文から根拠を探します。

着眼点　傍線部の前後に根拠あり！

傍線部bの直前の「太み細みもなく」をヒントに考えます。**「太いところと細いところがない」**ということは、凸凹がない（なめらか）ということです。「しなやか」には「なめらか」の意味があるので矛盾はありません。よって、**正解は③**です。

これは、傍線部aの「詞の用捨（言葉の取捨選択）」を具体的に説明しています。「詞」に良し悪しはなく、「しなやかに聞きにくくないように」「詞」をつなげて詠むことが肝要だ、と言っています。これは、歌は本来声に出して詠み上げ、それを聞くものだったことによります。弱い詞に強い詞を続けるとリズムが損なわれてしまうから駄目だというわけです。

傍線部c　ポイントは「愚」の意味です。

愚[①]─**推**[②]─を─わづかに─めぐらし─見─**はべれ**[③]─**ば**[④]

①愚＝自分に関することに付いて、謙譲の意を表す。
②推＝「推察」の意味。
③**補動**「はべり」の已然形。丁寧［～です・～ございます］
④**接助** 已然形＋ば　順接確定条件［～ので・～と］

直訳▼私の推測をわずかにめぐらせてみますと

よって、**正解は②「私の推測を少しはたらかせてみますと」**です。「愚」は、現代語でも、「愚息（＝自分の息子）」「愚見（＝自分の意見）」などの熟語で使いますが、選択肢に「私」とあり、傍線部c以下で**自分の考え**を述べますので、もし「愚」を知らなくても、答えを出すことはできます。

関連メモ　人称を表す語

われ＝一人称、二人称
おのれ＝一人称、二人称
ここ＝一人称、二人称
そこ＝二人称
よ（余）＝男性が用いる自称
翁（おきな）＝老人がへりくだって用いる自称

傍線部d　ポイントは「詮（せん）」の意味です。

詞─を─**こそ**[①]─**詮**[②]─と─**す**[③]─**べけれ**[④]

①**係助** 強意
②**名** 眼目。一番大事なところ。
③**動**「す」の終止形。する。
④**助動**「べし」の已然形（「こそ」の係り結び）。当然［～べきだ］

直訳▼詞を眼目とするべきだ

第三段落は、「心」と「詞」を対比的に捉えて、どちらを優先するべきかということを論じているので、④「**詞をこそまず眼目とするべきだろう**」**が正解**となります。①「心を表現する眼目」は、「心」と「表現（詞）」を対比的に捉えていないので間違いです。

「詮」の意味を知らなくても、第三段落の趣旨が理解できれば、答えを出すことはできるでしょう。

傍線部e

詞─の─**つたなき**[①]─**に**[②]─こそ─**はべら**[③]─**め**[④]

①**形**「つたなし」の連体形。拙い。劣っている。
＊ここは形容詞の準体法。「つたなき」の下に「歌」が省略されている。

②助動「なり」の連用形。断定［〜である］
③補動「はべり」の未然形。丁寧［〜です・〜ございます］
④助動「む」の已然形（「こそ」の係り結び）。推量［〜だろう］
直訳▼詞の拙い歌でございましょう

着眼点 **傍線部の前後に根拠あり！**

傍線部eの直前に、「心が欠けている歌よりは」とあり、「より」は比較を表す格助詞で**「心の欠けた歌」と「詞の拙い歌」を比較している**ので、「〜のほうがよい」という訳になります。よって、④「詞の拙い歌のほうがよいでしょう」が正解となります。

解答 a ① b ③ c ② d ④ e ④

問二 語句の意味

着眼点 **傍線部の前後に根拠あり！**

ポイントは「鬼拉（きらつ）」と「幽玄」との対比関係に気づくことです。「鬼拉」という語は見慣れない語なので、その意味の知識から傍線部**ア**を理解することはできません。よって、傍線部の前後からその意味を推測するしかありません。

第一段落の内容をまとめます。まず、歌にとって大事なのは、詞の取捨選択であり、詞には強いものと弱いものがあるから、これらを凸凹がないようになめらかに続けなければならない。「詞自体にはよい詞も悪い詞もない。ただその続け方によって、歌の詞の優劣は生じる」という筆者の考えに続いて、「幽玄の詞に『鬼拉の詞』を連ねると、とても見苦しいことだ」と言っています。ということは、**「鬼拉の詞」は「幽玄の詞」と相容（あいい）れない詞**、つなげるとしなやかさが失われてしまう詞だということです。では、「幽玄」とは何でしょうか。「幽玄」は歌論用語としては、「言外に余情があり、味わいのつきないさま」を表す言葉です。「余情」は、「はっきりと表現されないもの」なので、**「鬼拉」ははっきりと表現されたもの**ということです。「はっきりと表現されたもの」と同義なのは、選択肢②「たいへん強い言葉」しかありません。よって、②が正解です。

解答 ②

問三 解釈

問一の傍線部**d**で解説したように、「心」と「詞」のどちらを優先させるかということについて論じているので、正解は③「心」です。

解答 ③

問四　文学史（↓148ページ参照）

『毎月抄』が藤原定家の書いたものだということは、本文の最後に書いてあるので、その父が誰かという知識が必要です。定家の父は藤原俊成。よって正解は①です。　**解答**　①

関連メモ　藤原俊成・定家の著書や業績

藤原俊成＝『千載和歌集』の撰者。著書は歌論『古来風体抄』。名は「しゅんぜい」とも読む。

藤原定家＝『新古今和歌集』の撰者。著書は歌論『毎月抄』『近代秀歌』、日記『明月記』。名は「ていか」とも読む。

問五　主旨

問二で第一段落の内容をまとめましたが、各段落の内容を改めて確認します。

第一段落　…歌における重要なことは詞の取捨選択である。しなやかで聞きにくくないように詞を続けて歌を作ることが重要である。

第二段落　…花と実を歌に当てはめて、「昔の歌は実があるが花がなく、今の歌は花があるが実がない」という意見があるが、「実」は「心」、「花」は「詞」のたとえで、「昔の歌に心があり今の歌には心がない」とは必ずしも言えない。

第三段落　…「心」と「詞」のどちらかを優先させるのではなく、「心」と「詞」を兼ね備えた歌が優れた歌であるが、心が欠けているよりは詞が拙い歌のほうがよい。

これを踏まえて選択肢を検討します。

① 歌においては、詞の使い方が最優先されるため、何度も何度も案じ返し詠むのが重要であろう。（×）

↓「心」が二の次にされていることが×。

② 歌には、心も詞も等しく大事ではあるが、どちらをとるかといえば、心ということになるであろう。

↓矛盾がない。

③ 歌というものは、心はともかく詞の続けがらのよしあしによって勝劣は決まってしまうものと心得よ。（×）

↓「心」が一番重要だと言っている。

④ 昔の歌は、実を重んじ花を忘れ、近代の歌は花ばかり追いかけて、実には目もかけないので劣る。（×）

↓第二段落の冒頭の「ある人」の考えだが、近代の歌が「劣る」との記述はない。筆者は、一旦はその考えに同意しながら、一概にそうは言えないと反論している。

よって、正解は②「歌には、心も詞も等しく大事ではあるが、どちらをとるかといえば、心ということになるであろう。」です。「詞」と「心」の両方を兼ね備えた歌が最上であるとし、「心の欠けた歌」よりも、「詞の拙い歌」のほうがよい、との結論です。冒頭で「詞の取捨選択が重要だ」としながら、結論としては、「心」がない歌は認められないということです。これは、

『古今和歌集』仮名序にある、歌とは心を言葉にしたものだという定義に基づいた考え方です（**第1講**参照）。どの歌論も大なり小なり『古今和歌集』の仮名序の影響を受けて書かれています。もう一度、21ページの『古今和歌集』仮名序を確認しておいてください。

解答 ②

現代語訳

また、歌の大事は、a詞の用捨に〔断定・用〕てはべるべし。詞につきて強弱大小候ふべし。それをよくよく見**したため**て、強き詞をば一向にこれを続け、弱き詞をばまた一向にこれをつらね、かくのごとく**案じ**返し案じ返し、太み細みもなく、bなびらかに聞きにくから**ぬ**〔打消・体〕やうによみなす**が**〔主格〕、極めて重事に〔断定・用〕てはべる**なり**〔断定・終〕。申さば、すべて詞に**あしき**もなく**よろしき**もあるべからず。ただ続けがらにて歌詞の勝劣はべるべし。

また、和歌において重要なことは、詞の取捨選択でございましょう。詞には強弱大小がございましょう。それ（＝詞の効果）をよく見**極めて**、強い詞はひたすらそれだけを続け、弱い詞はまたひたすらそれだけを連ね、このように**考え**直し考え直し（工夫）して、太いところ細いところ（の不調和）もなく、しなやかに聞きにくくないように和歌を作るのが、たいへん重要なことでございます。申しますなら、それぞれの詞に**悪い**ものも**良い**ものもあるはずがない。ただ（詞の）続け方によって和歌の表現の上手下手があるので

重要語句

□ したたむ【認む】①処理する。②準備する。③食べる。④書き記す。⑤きちんとする。⑥治める。支配する。⑦認識する。

□ あんず【案ず】①考える。思いめぐらす。②心配する。

□ あし【悪し】①悪い。②賤しい。③不快だ。

□ よろし【宜し】①悪くない。まあよい。②並ひと通りで普通だ。

12

しょう。

幽玄の詞にア鬼拉の詞などをつらねたらむ（婉曲・体）は、いと見苦しからむ（婉曲・体）に（断定・用）こそ（強意(↓省)）。

優美な幽玄の詞にたいへん強い詞などをつなげたようなものは、とても見苦しいようなことであろう。

されば、「心を本として詞を取捨せよ。」とイ亡父卿も申し置きはべりし（過去・体）。

だから、「心を根源として（それにふさわしい）詞を選びなさい。」と亡くなった父の卿（きょう）（＝藤原俊成）も申し残しました。

ある人、花実のことを歌にたて申してはべるにとりて、「いにしへの歌はみな実を存して花を忘れ、近代の歌は花をのみ心にかけて実には目もかけぬ（打消・体）から。」と申した（完了・体（撥無））めり（推量・終）。もつともさとおぼえはべるうへ、古今序にもその意はべるやらむ（＊疑問(↓) 推量・体(↑)）。

ある人が、花と実との関係を和歌にあてはめ申しましたのによると、「古い時代の和歌はみな実ばかり（を大切にして）あって花を（おろそかにして）忘れ、最近の和歌は花ばかり気にして実には目もくれないが。」と申したようです。なるほどそのとおりと思われますうえに、「古今和歌集」の序文にもそのような趣旨のことが（述べて）あるでしょうか。

さるにつきて、なほこの下の了簡、ウ愚推をわづかにめぐらし見はべれば、心得べきことはべるに（断定・用）や（疑問(↓省)）。いはゆる実と申すは心、花と申すは詞なり（断定・終）。必ず、いにしへの詞強く聞こゆるを、実と申すとは定めがたかるべし。古人の詠作にも、心なからむ（婉曲・体）歌をば実なき歌とぞ（強意(↓)）申すべき（当然・体(↑)）。今の人の（主格）よめらむ（婉曲・体）にも、

そのことについて、なおこれ以下の考えのように、私の推測を少しはたらかせてみますと、（和歌の花と実については）理解しておくべきことがございますでしょうか。いわゆる「実」と申しますのは「歌の心」、「花」と申しますのは「和歌の詞（のたとえ）」です。必ずしも、古い時代の詞が強く聞こえる詞を、実の歌（＝心のある歌）と申すとは決められないでしょう。昔の歌人の作品でも、心の（深まりの）ないような和歌のことは実のない歌と申すべきです。現代の歌人の詠んだような作品でも、

□いうげん【幽玄】①神秘的で奥深いさま。②深い趣のあること。

□ぐ【愚】自分に関することに付いて謙譲の意を表す。

＊やらむ…「にやあらむ」の転じたもの。

うるはしく正しからむをば実ある歌とぞ申しはべるべく候ふ。

美しく整っているようなものは実のある歌と申してよろしいでしょう。

さて、「心を先にせよ。」と教ふれば、「詞を次にせよ。」と申すに似たり。「詞をこそ詮とすべけれ。」と言はば、また「心はなくとも。」と言ふにてはべり。所詮、心と詞とを兼ねたらむを、よき歌と申すべし。心・詞の二つは、鳥の左右の翼のごとくなるべきにこそとぞ思うたまへはべりける。ただし、心・詞の二つを共に兼ねたらむは言ふに及ばず、心の欠けたらむよりは、詞のつたなきにこそはべらめ。

さて、「心を最優先にしなさい。」と教えると、「詞は二の次にしなさい。」と申すのに似ています。「詞をこそまず眼目とするべきだろう。」と言うなら、また「心はなくても（よい）。」と言っているということでございます。結局、心と詞とを両方兼ね備えたようなものを、よい和歌と申すべきです。（和歌の）心・詞の二つは、鳥の左右の翼のようであるはずだと存じました。ただし、心・詞の二つを両方兼ねているような和歌は言うまでもない（＝理想的だ）が、（両方が無理ならば）心が欠けているような和歌よりは、詞の拙い歌のほうがよいでしょう。

［出典：『毎月抄』］

□うるはし【美し・麗し】①整っている。きちんとしている。②立派だ。整って美しい。

□せん【詮】①なすべき手段。②ききめ。③最も大事なところ。

□いふにおよばず【言ふに及ばず】言うまでもない。

□つたなし【拙し】①下手だ。おろかだ。②不運だ。

ジャンル別文学史

●文学史を、ジャンル別・おおまかな年代順で示した。（成立年代に諸説ある作品や複数のジャンルにわたる作品もある。）
●おもな作品名（作者名）を掲げ、重要な作品は赤色で示した。（俳諧の流派を《　》で示した。）

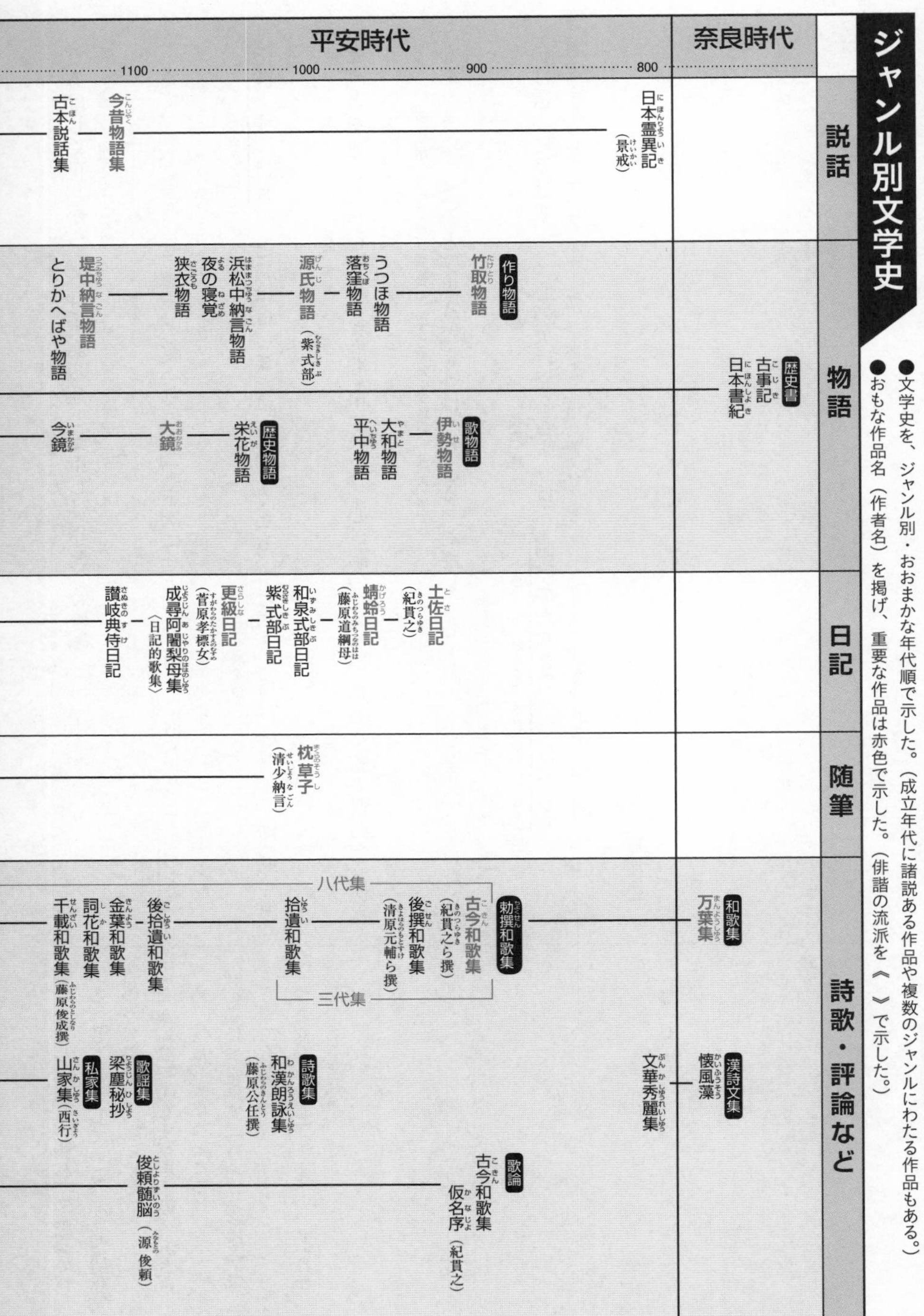

鎌倉時代（1300・1200）	室町時代（1600・1400）	江戸時代（1800・1700）
発心集（鴨長明） 宇治拾遺物語 閑居友 十訓抄 古今著聞集（橘成季） 沙石集（無住）		
擬古物語 松浦宮物語 愚管抄（慈円） 水鏡 **軍記物語** 保元物語 平治物語 平家物語 源平盛衰記	神皇正統記（北畠親房） 増鏡 太平記 曽我物語 義経記	**小説・戯曲など** **仮名草子** 醒睡笑（安楽庵策伝） **浮世草子** 好色一代男・好色五人女・日本永代蔵・世間胸算用（井原西鶴） **浄瑠璃** 曽根崎心中・冥途の飛脚・国性爺合戦（近松門左衛門） **読本** 雨月物語（上田秋成） 南総里見八犬伝（曲亭馬琴） **滑稽本** 東海道中膝栗毛（十返舎一九）
紀行文 海道記 東関紀行 建礼門院右京大夫集〈日記的歌集〉 十六夜日記（阿仏尼） とはずがたり		**俳諧紀行文** おくのほそ道・笈の小文（松尾芭蕉）
方丈記（鴨長明） 徒然草（兼好法師）		折たく柴の記（新井白石） 玉勝間（本居宣長） 花月草紙（松平定信）
新古今和歌集（藤原定家ら撰） **私撰集** 小倉百人一首（藤原定家撰） 金槐和歌集（源実朝） 無名抄（鴨長明） 毎月抄（藤原定家） **物語論** 無名草子	**連歌集** 菟玖波集（二条良基ら撰） 新撰菟玖波集（宗祇ら撰） **俳諧集** 犬筑波集（山崎宗鑑編） **能楽論** 風姿花伝（世阿弥） **連歌論** ささめごと（心敬）	《貞門》（松永貞徳） 《談林》（西山宗因） 《蕉風》（松尾芭蕉） 猿蓑 炭俵 **俳文集** 風俗文選（森川許六編） 鶉衣（横井也有） **俳諧句文集** 新花摘（与謝蕪村） おらが春（小林一茶） **国学** 万葉代匠記（契沖） 歌意考・万葉考（賀茂真淵） 源氏物語玉の小櫛・古事記伝（本居宣長） **俳論** 三冊子（服部土芳） 去来抄（向井去来）

用言活用表

◆動詞活用表

種類	例語	語幹	未然形	連用形	終止形	連体形	已然形	命令形	ポイント
四段活用	書く	書	a か	i き	u く	u く	e け	e け	・「a・i・u・e」の四段で活用する。
上二段活用	起く	起	i き	i き	u く	uる くる	uれ くれ	iよ きよ	・「i・u」の二段で活用する。
下二段活用	受く	受	e け	e け	u く	uる くる	uれ くれ	eよ けよ	・「u・e」の二段で活用する。
上一段活用	見る	○	i み	i み	iる みる	iる みる	iれ みれ	iよ みよ	・「i」の一段で活用する。
下一段活用	蹴る	○	け	け	ける	ける	けれ	けよ	・「蹴る」の一語のみ。
カ行変格活用	来	○	こ	き	く	くる	くれ	こ こよ	・「来」の一語のみ。
サ行変格活用	す	○	せ	し	す	する	すれ	せよ	・「す」「おはす」のみ。「具す」などの複合動詞もある。
ナ行変格活用	死ぬ	死	な	に	ぬ	ぬる	ぬれ	ね	・「死ぬ」「往(去)ぬ」のみ。
ラ行変格活用	あり	あ	ら	り	り	る	れ	れ	・「あり」「をり」「侍り」「いますがり」のみ。

◆形容詞活用表

種類	例語	語幹	未然形	連用形	終止形	連体形	已然形	命令形	「本活用」の後ろには助動詞以外の語が付く。「補助（カリ）活用」の後ろには助動詞が付く。
ク活用	高し	高	○	く	し	き	けれ	○	本活用
			から	かり	○	かる	○	かれ	補助（カリ）活用
シク活用	うつくし	うつく	○	しく	し	しき	しけれ	○	本活用
			しから	しかり	○	しかる	○	しかれ	補助（カリ）活用

◆形容動詞活用表

種類	例語	語幹	未然形	連用形	終止形	連体形	已然形	命令形
ナリ活用	あはれなり	あはれ	なら	なり に	なり	なる	なれ	なれ
タリ活用	漫々（まんまん）たり	漫々	たら	たり と	たり	たる	たれ	たれ

おもな助動詞活用表

接続	基本形	未然形	連用形	終止形	連体形	已然形	命令形	活用の型	おもな意味（訳）
未然形	る	れ	れ	る	るる	るれ	れよ	下二段型	①自発（自然と～される・思わず～してしまう） ②可能（～できる） ③受身（～される） ④尊敬（～なさる・お～になる）
	らる	られ	られ	らる	らるる	らるれ	られよ		
	す	せ	せ	す	する	すれ	せよ	下二段型	①使役（～させる） ②尊敬（～なさる・お～になる）
	さす	させ	させ	さす	さする	さすれ	させよ		
	しむ	しめ	しめ	しむ	しむる	しむれ	しめよ		
	ず	○	ず	ず	ぬ	ね	○	特殊型	打消（～ない）
		ざら	ざり	○	ざる	ざれ	ざれ		
	む（ん）	○	○	む（ん）	む（ん）	め	○	四段型	①推量（～だろう） ②意志（～よう） ③勧誘・適当（～しないか・～がよい） ④仮定・婉曲（えんきょく）（～としたら・～ような）
	むず（んず）	○	○	むず（んず）	むずる（んずる）	むずれ（んずれ）	○	サ変型	
	まし	ましか（ませ）	○	まし	まし	ましか	○	特殊型	①反実仮想（もし～としたら…だろうに） ②ためらいの意志（～ようかしら）
	じ	○	○	じ	じ	じ	○	無変化型	①打消推量（～ないだろう・～まい） ②打消意志（～ないつもりだ・～まい）
	まほし	○	まほしく	まほし	まほしき	まほしけれ	○	形容詞型	希望（～たい）
		まほしから	まほしかり	○	まほしかる	○	○		
連用形	き	（せ）	○	き	し	しか	○	特殊型	過去（～た）
	けり	（けら）	○	けり	ける	けれ	○	ラ変型	①過去（～た・～たそうだ） ②詠嘆（～たなあ）
	つ	て	て	つ	つる	つれ	てよ	下二段型	①完了（～た・～てしまった） ②強意（きっと～・必ず～）
	ぬ	な	に	ぬ	ぬる	ぬれ	ね	ナ変型	

たり	（連用形）	たら	たり	たり	たる	たれ	たれ	ラ変型	①存続（～ている・～てある）②完了（～た・～てしまった）
たし		○／たから	たく／たかり	たし／○	たき／たかる	たけれ／○	○／○	形容詞型	希望（～たい・～てほしい）
けむ（けん）		○	○	けむ（けん）	けむ（けん）	けめ	○	四段型	①過去推量（～ただろう）②過去の原因推量（～たのだろう）③過去の伝聞・婉曲（～たとかいう・～たような）
らむ（らん）	終止形（ラ変型には連体形接続）	○	○	らむ（らん）	らむ（らん）	らめ	○	四段型	①現在推量（今ごろ～ているだろう）②現在の原因推量（～ているのだろう）③現在の伝聞・婉曲（～とかいう・～ような）
めり		○	（めり）	めり	める	めれ	○	ラ変型	①推定（～ように見える）②婉曲（～ようだ）
らし		○	○	らし	らし	らし	○	無変化型	推定（～らしい）
べし		○／べから	べく／べかり	べし／○	べき／べかる	べけれ／○	○／○	形容詞型	①推量（～だろう）②意志（～よう）③可能（～できる）④当然（～はずだ・～べきだ）⑤命令（～せよ）⑥適当（～がよい）
まじ		○／まじから	まじく／まじかり	まじ／○	まじき／まじかる	まじけれ／○	○／○	形容詞型	①打消推量（～ないだろう）②打消意志（～ないつもりだ）③不可能（～できない）④打消当然（～はずがない）⑤禁止（～してはいけない）⑥不適当（～ないのがよい）
なり		○	（なり）	なり	なる	なれ	○	ラ変型	①伝聞（～そうだ・～ということだ）②推定（～が聞こえる・～ようだ）
なり	連体形・体言	なら	なり／に	なり	なる	なれ	なれ	形容動詞型	①断定（～だ・～である）②存在（～にある・～にいる）
たり	体言	たら	たり／と	たり	たる	たれ	たれ	形容動詞型	断定（～だ・～である）
ごとし	・連体形・体言 ・助詞「が」「の」	（ごとく）	ごとく	ごとし	ごとき	○	○	形容詞型	①比況（～のようだ）②例示（～ような・～など）
り	・サ変の未然形 ・四段の已然形	ら	り	り	る	れ	れ	ラ変型	①存続（～ている・～てある）②完了（～た・～てしまった）

おもな助詞一覧

●格助詞

語	意味（訳）	接続
の が	主格（～が） 連体格（～の） 同格（～で） 準体格〈体言の代用〉（～のもの） 連用格（～のように）	体言 連体形
を	動作の対象・場所・時間（～を）	
に	時間・場所・結果・原因・目的・〈受身・使役・比較の〉対象（～に）	
へ	方向（～へ）	体言
と	共同・変化・比較・並列・引用（～と） 比喩（～のように）	体言 連体形
より	比較（～より） 起点（～から） 経由（～を通って） 手段・方法（～で） 即時（～とすぐに）	
にて	時・場所・原因・手段・状態（～で）	
して	手段・方法（～で） 使役の対象（～に命じて） 動作の仲間（～と）	

●係助詞

語	意味（訳）	接続
は	他と区別して取り立てる（～は）	種々の語
も	添加（～もまた） 並列・列挙（～も） 強意・感動（～もまあ）	
ぞ なむ（なん） こそ	強意〔訳さなくてよい〕	
や（やは） か（かは）	疑問（～か） 反語（～か、いや～ない）	

●副助詞

語	意味（訳）	接続
だに	類推（～さえ） 最小限の希望（せめて～だけでも）	種々の語
すら	類推（～さえ）	
さへ	添加（～までも）	
のみ	限定（～だけ） 強意（特に～）	
ばかり	程度・範囲（～くらい・～ほど） 限定（～だけ）	
まで	範囲・限度（～まで） 程度（～ほど）	
し しも	強意〔訳さなくてよい〕	

接続助詞

語	意味（訳）	接続
ば	順接仮定条件（もし〜ならば）	未然形
ば	順接確定条件 原因・理由（〜ので・〜から） 偶然条件（〜すると・〜したところ） 恒常条件（〜するといつも）	已然形（いぜん）
と とも	逆接仮定条件（たとえ〜ても）	動詞型の語の終止形 形容詞型の語の連用形
ど ども	逆接確定条件（〜のに・〜けれども）	已然形
が	逆接確定条件（〜のに・〜けれども） 単純接続（〜すると・〜したところ）	連体形
に を	逆接確定条件（〜のに・〜けれども） 単純接続（〜すると・〜したところ） 順接確定条件（〜ので・〜から）	連体形
て して	単純接続（〜て）	連用形
で	打消の接続（〜しないで）	未然形
つつ	動作の反復・継続（〜しては、〜て） 動作の並行（〜ながら）	連用形
ながら	逆接確定条件（〜のに・〜けれども） 動作の並行（〜ながら） 状態の継続（〜のままで）	連用形 形容詞語幹 体言
ものの ものを ものから ものゆゑ	逆接確定条件（〜のに・〜けれども）	連体形

終助詞

語	意味（訳）	接続
ばや	自己の希望（〜したいなあ）	未然形
なむ（なん）	他者への願望（〜してほしい）	未然形
てしがな にしがな	自己の希望（〜したいものだなあ）	連用形
がな もがな	願望（〜があればなあ・〜がほしいなあ）	体言など
かし	念押し（〜よ・〜ね）	文末
な	禁止（〜するな）	終止形 （ラ変型には連体形に付く）
そ	「な〔副詞〕〜そ」の形で禁止（〜するな）	連用形 （カ変・サ変には未然形に付く）
か かな	詠嘆（〜なあ）	体言 連体形
な	詠嘆（〜なあ）	文末

間投助詞

語	意味（訳）	接続
や よ	詠嘆（〜よ・〜なあ） 呼びかけ（〜よ）	種々の語
を	詠嘆（〜よ・〜なあ）	種々の語

おもな敬語動詞一覧

●尊敬語

尊敬語の本動詞	現代語訳	普通の語
おはす おはします	いらっしゃる	あり 行く・来（く）
仰（おほ）す のたまふ のたまはす	おっしゃる	言ふ
思（おぼ）す 思し召す	お思いになる	思ふ
大殿（おほとの）ごもる	おやすみになる	寝（ぬ）・寝（い）ぬ
聞こし召す	お聞きになる 召し上がる お治めになる	聞く 食ふ・飲む 治む
御覧ず	ご覧になる	見る
奉（たてまつ）る	召し上がる お召しになる お乗りになる	食ふ・飲む 着る 乗る
給（たま）ふ（賜（たま）ふ） 賜（た）ぶ たまはす	お与えになる くださる	与ふ・授く
参る	召し上がる	食ふ・飲む
召す	お呼びになる お乗りになる 召し上がる お召しになる	呼ぶ 乗る 食ふ・飲む 着る

尊敬語の補助動詞	現代語訳
給ふ〔四段〕 おはす おはします	お〜になる・〜なさる （〜いらっしゃる）

謙譲語

謙譲語の本動詞	現代語訳	普通の語
承る	お聞きする・お受けする	聞く・受く
存ず	存じる	思ふ・知る
侍(はべ)り 候(さぶら)ふ・候(さうら)ふ	お仕えする 伺候(しこう)する おそばに控え申し上げる	あり・をり・仕ふ
参る・まうづ	参上する	行く・来(く)
まかる・まかづ	退出する	
参る・参らす・奉(たてまつ)る	差し上げる	与ふ
賜(たまは)る	いただく	受く
仕(つか)うまつる・仕(つかまつ)る	お仕えする いたす	仕ふ す
申す・聞こゆ・聞こえさす 奏(そう)す 啓(けい)す	申し上げる (帝(みかど)・院に)申し上げる (中宮・皇太子に)申し上げる	言ふ

謙譲語の補助動詞	現代語訳
奉る 参らす 聞こゆ 申す	お〜申し上げる・お〜する・ 〜て差し上げる
給(たま)ふ〔下二段〕	〜ております・〜ます

丁寧語

丁寧語の本動詞	現代語訳	普通の語
侍(はべ)り 候(さぶら)ふ・候(さうら)ふ	あります・ございます	あり・をり

丁寧語の補助動詞	現代語訳
侍(はべ)り 候(さぶら)ふ・候(さうら)ふ	〜ございます・〜です・〜ます

編集協力　國本美智子／福岡千穂
そらみつ企画／荒明哲子／加藤陽子／山下絹子
装丁デザイン　(株) ライトパブリシティ
本文デザイン　イイタカデザイン